Bóg wie, że jesteś zestresowany

Proste sposoby na odzyskanie równowagi

Anne Bryan Smollin

Bóg wie, że jesteś zestresowany

Proste sposoby na odzyskanie równowagi

Przełożyła
Agnieszka Bielawska

Wydawnictwo SALWATOR
Kraków

Tytuł oryginału
God Knows You're Stressed. Simple Ways to Restore Your Balance

Redakcja
Ewa Skalska

Korekta
Monika Stachura

Redakcja techniczna i przygotowanie do druku
Anna Olek

Projekt okładki
Artur Falkowski

Imprimi potest
ks. Jan Folkert SDS, prowincjał
l.dz. 199/P/08
Kraków, 21 kwietnia 2008

ISBN 978-83-7580-012-8

Wydawnictwo SALWATOR
ul. św. Jacka 16, 30-364 Kraków
tel. (0-12) 260-60-80, faks (0-12) 269-17-32
e-mail: wydawnictwo@salwator.com
www.salwator.com

Wprowadzenie

Jak powszechnie wiadomo, jest wiele powodów, które wywołują stres.

Zgodnie z definicją, stres to niezdolność radzenia sobie z rzeczywistym lub wyimaginowanym zagrożeniem dla naszego dobrego samopoczucia, wywołująca negatywne dla naszego ciała reakcje. Stres nas wyczerpuje, męczy, złości i denerwuje.

Stres nie zawsze bezpośrednio wywołuje chorobę, ale udowodniono, że się do niej przyczynia. Dolegliwości fizyczne, takie jak niestrawność, biegunka, wrzody, słaby apetyt, bronchit, zapalenie płuc, potliwość, kłucie w klatce piersiowej, bóle mięśni, częste przeziębienia, drgawki, przynajmniej częściowo przypisuje się stresowi. Wiąże się go także z migreną, astmą, łuszczycą, pryszczami, alergią, zespołem jelita drażliwego, egzemą, chorobą serca oraz wysokim ciśnieniem.

Stres wywołuje wzrost poziomu cholesterolu tak samo jak zła dieta. Lęk przed pójściem do pracy i podniecenie na myśl o wyjściu z niej wywołuje w naszym ciele napięcie. Nic więc dziwnego, że zaburzenia bicia serca (arytmia) wzrastają w poniedziałki i piątki. W Stanach Zjednoczonych dolegliwości związane ze stresem to przyczyny 187 milionów wizyt pacjentów u lekarzy. Pewne studium pokazuje, że przed ukończeniem szóstego roku życia wielu z nas zbudowało fundament pod bardzo wysokie ciśnienie krwi.

Inne objawy, takie jak brak koncentracji, słaba pamięć, roztargnienie, zapominanie i brak poczucia humoru, to czerwone chorągiewki wskazujące na wysoki poziom stresu. Jeśli chodzi o emocje, osoba zestresowana może doświadczać gniewu, depresji, beznadziei, rozdrażnienia, lęku, niemocy, poczucia winy albo wstydu. Z kolei pod względem behawioralnym ludzie bardzo zestresowani mają tendencję do rzucania przedmiotami, przeklinania, krzyku, bicia, obgryzania paznokci, tupania, płaczu i częstszego denerwowania się.

Niekontrolowany stres jest czynnikiem większego ryzyka zachorowań na raka i choroby serca niż palenie czy żywność o wysokiej zawartości cholesterolu. Opracowania naukowe wykazują, że każdego dnia milion ludzi spośród mieszkańców USA jest nieobecnych w pracy wskutek zaburzeń związanych ze stresem.

Małe dzieci mogą doświadczać stresu, kiedy nie mają się z kim bawić lub kiedy zepsuje się ich ulubiona zabawka. Nastolatek może doświadczać stresu, kiedy jest wyłączony z grupy albo czuje się inny lub nie na swoim miejscu. Student może czuć się zestresowany, kiedy presja związana ze studiami staje się nie do zniesienia.

Powszechnie wyróżnia się trzy poziomy stresu. Stresory pierwszego stopnia są łagodne lub krótkie: kiedy ucieknie nam autobus, zgubimy bilety na koncert albo stłuczemy szklankę. W takiej chwili czujemy frustrację i rozdrażnienie. Jednakże jest to stres sytuacyjny.

Trudniej radzić sobie ze stresem średniego poziomu. Przygotowania do wesela, niedotrzymywanie terminów wymagające dłuższego pozostawania w pracy, nieobecność ważnych dla nas osób przez pewien krótki okres, oswojenie się z wyjazdem dziecka na studia - to powszechne przyczyny średniego stresu. Pochłaniają one więcej energii, a w konsekwencji napięcie dłużej utrzymuje się w naszym ciele.

Wreszcie istnieje stres chroniczny albo ostry poziom stresu związany z przeżywaniem rozwodu, utratą bliskiej osoby, śmiercią małżonka, dziecka czy ukochanej osoby. W takich sytuacjach może się okazać, że potrzebujemy pomocy i wsparcia z zewnątrz.

Masz już dość złych wiadomości o stresie?

Teraz czas na dobre wieści

Stres nie musi nas przygnębiać! To, co się nam przydarza, nie wywołuje stresu. To raczej nasza reakcja na to, co się dzieje, jest jego przyczyną. Możemy decydować, jak reagować na stres. Nasza postawa jest zależna od wyborów, których dokonujemy, a nasze wybory mogą określać nasze postawy. Dlatego w swoim życiu mamy kontrolę nad stresem.

Bóg wie, że jesteś zestresowany: proste sposoby odzyskania równowagi to sprawdzone rady, inspirujące opowiadania i pożyteczne ćwiczenia mające prowadzić do odzyskania równowagi, której wszyscy pragniemy. Dzięki tej książce możemy nauczyć się radzić sobie ze stresem, a nawet stać się zdrowszymi w procesie tej nauki. To dobra wiadomość.

Korzystanie z książki

Bóg wie, że jesteś zestresowany: proste sposoby odzyskania równowagi jest książką do czytania powolnego, refleksyjnego i aktywnego. Trzymaj ją przy łóżku; wieczorem przed zaśnięciem przeczytaj fragment. W ciągu kilku następnych dni postaraj się przemyśleć jego sens albo powtarzaj jakieś ćwiczenie. Umieść jedno z krótkich powiedzeń na swoim lustrze w łazience, abyś za każdym razem, kiedy w nie spojrzysz, przypominał sobie jeden z podstawowych sposobów radzenia sobie ze stresem.

Innymi słowy: daj sobie czas. W przypadku większości z nas osiągnięcie obecnego poziomu stresu zajęło wiele lat. Nabyliśmy nawyków, które powodują, że jesteśmy spięci. Ich zmiana wymaga czasu.

Korzystaj z tej książki, aby pomogła ci w tej przemianie. Strona po stronie ucz się lubić siebie bardziej, traktować siebie życzliwiej, śmiać się więcej, bawić się częściej, oddychać głębiej, wypoczywać zdrowiej i nabierać dystansu do zranień. Niech twoja lektura i refleksja zaowocują zdrowiem, równowagą i ubogaconym życiem.

SPOSÓB PIERWSZY:

pogódź się z tym, że jesteś niedoskonały

KTO NIGDY NIE DOZNAŁ W CZYMŚ PORAŻKI,
NIE MOŻE BYĆ WIELKIM CZŁOWIEKIEM.
Herman Melville

Kto w ogóle powiedział, że musimy być doskonali? Dążenie do perfekcji - cokolwiek to znaczy - stawia nas na przegranej, bardzo stresującej pozycji. W końcu ludzie chyba nie mogą być doskonali. Doskonałość nie jest częścią naszej człowieczej natury. Wiele świadczy o naszej niedoskonałości. Badania wykazały, że przeciętny Amerykanin spędza rok życia na szukaniu rzeczy położonych nie tam, gdzie trzeba. Zapominamy o rzeczach, popełniamy błędy, mówimy nie to, co trzeba, i ogólnie robimy bałagan. Nawet nie jesteśmy bliscy doskonałości. Dlatego, aby uciec od tej wywołującej stres wady, zacznij od podjęcia decyzji, że *będziesz niedoskonały*!

Pamiętasz, jak nauczyłeś się jeździć na rowerze albo prowadzić samochód? Nie od razu opanowałeś te umiejętności. Czułeś się niezdarny i niezręczny, ale nie głupi. Wiedziałeś, że musisz nauczyć się utrzymywania równowagi na rowerze, pedałowania i kierowania. Wiedziałeś, że musisz nauczyć się korzystać z lusterek, trzymania swojej strony drogi i oceny dystansu między innymi pojazdami. Wiedziałeś, że musisz się tego nauczyć.

Nauka jazdy albo kierowania rowerem była procesem. Kiedy już opanowałeś te umiejętności, prawdopodobnie zapomniałeś o błędach i odczuciu niezdarności i niezręczności. Kiedy opanowałeś te umiejętności, nie myślałeś już więcej o ustawianiu siedzeń i lusterek. To stało się dla ciebie czymś absolutnie naturalnym.

Nie ma czegoś takiego jak natychmiastowy sukces. Aby go osiągnąć, trzeba podejmować wiele prób, często wprowadzać różne zmiany. Hiszpańskie przysłowie uczy: „Niezależnie od tego, jak wcześnie wstaniesz, nie przyspieszysz jutrzenki". Thomas Edison przeprowadził ponad tysiąc eksperymentów, zanim odkrył, jaki żarnik użyć do żarówki jarzeniowej.

Blokujemy się przed podejmowaniem nowych wyzwań, ponieważ boimy się niepowodzenia - zatrzymujemy się na poziomie przeciętności, stajemy w miejscu, nie rozwijamy się. Poddawanie się w obliczu niepowodzeń albo pozwolenie na to, aby błędy i niepowodzenia stawały na przeszkodzie naszym sukcesom, wywołuje w nas smutek. Wielki hokeista Wayne Gretzky powiedział kiedyś: „Tracimy sto procent strzałów, których nigdy nie wykonujemy". Natomiast Izaak Newton oświadczył: „Nigdy nie dokonano żadnego wielkiego odkrycia bez śmiałego zgadywania".

Gdy jeszcze się uczymy albo gdy pojawiają się przed nami nowe wyzwania, możemy polegać na swojej kreatywności w ich realizacji - śmiało zgadywać. Przypominam sobie sytuację, w której byłam zupełnie bezsilna i nie miałam pojęcia, co robić. Kiedy miałam siedemnaście lat, wstąpiłam do katolickiej wspólnoty zakonnej Zgromadzenia Sióstr św. Józefa. W budynku przypominającym akademik mieszkało 135 osób. Gotowałyśmy, sprzątałyśmy, zajmowałyśmy się stolarką, hydrauliką i wszystkim, czego wymagała troska o budynek.

Pewnego dnia, kiedy miałam dyżur w kuchni, osoba odpowiedzialna za całość prac musiała na chwilę wyjść. Powiedziała mi, abym zrobiła pudding z tapioki. Umieściłam w dużym garnku wszystkie składniki. Poleciła, abym włożyła to do podwójnego garnka. Nie miałam pojęcia, czym był podwójny garnek. Nie było kogo zapytać. Umieściłam więc ogromny gar między dwoma palnikami i zaczęłam mieszać.

Kiedy wróciła, musiała podjąć próbę uratowania puddingu. W tempie, w jakim się gotował, nie byłby gotowy do Bożego Narodzenia! Dowiedziałam się, co to takiego podwójny garnek, wspólnota miała deser, a ja poszłam naprzód bogatsza w doświadczenie.

Skoro możemy być niedoskonali, możemy być sobą. Możemy akceptować swoje wady i zalety, mocne i słabe strony, nie dawać się paraliżować własnej nieporadności. Kiedy cieszymy się swoimi zdolnościami w takim samym stopniu jak ograniczeniami, ogarniamy swe życie całościowo. Nie doskonałe, ale całe. Miłowanie siebie samego oznacza miłowanie wszystkiego tego, kim jesteśmy.

I musimy też siebie *lubić*. Lubienie to co innego niż miłowanie. Lubienie zakłada poznanie i troskę o siebie. Zakłada delikatność wobec siebie. Dopóki tak nie jest, funkcjonujemy pozbawieni zdrowego, twórczego życia. Stracimy spontaniczność i ograniczymy swoje zdolności. Nie docenimy żadnej nowości i nigdy nie nauczymy się bawić ani odpoczywać, ani cieszyć się z siebie. Decyzja zaakceptowania niedoskonałości - naszego człowieczeństwa - pozwala zrzucić nam z pleców wielki ciężar i „odstresować" swoje życie.

JEŚLI MYŚLISZ, ŻE POTRAFISZ
ALBO JEŚLI MYŚLISZ,
ŻE NIE POTRAFISZ,
TO ZAWSZE MASZ RACJĘ.

Henry Ford

Pogódź się z tym, że jesteś niedoskonały

Ciesz się ze swojej niedoskonałości w następujący sposób:

- Przez tydzień śledź popełniane przez siebie błędy. Zamiast się za nie biczować, przyjmij do wiadomości każdy z nich i świadomie sobie wybacz, mówiąc np.: „Cieszę się moim człowieczeństwem i lubię siebie, i moje błędy!".
- Dostrzeż każdego dnia te chwile, kiedy nie wiedziałeś, jak coś zrobić, albo kiedy zadałeś pytanie. Ciesz się swoją niewiedzą jako szansą nauki. Zacznij przyjmować niedoskonałość jako pozytywne okazje do rozwoju.
- Zapamiętaj zasadę: To, co warto zrobić, należy zrobić, choćbyśmy mieli wykonać to byle jak. Zamiast myśleć, że musimy zrobić wszystko albo wykonać całą robotę, musimy się nauczyć, że jest możliwe i zdrowe, aby korzystać tylko z tego czasu, jaki mamy do dyspozycji. Patrzymy na swoje ogródki i myślimy, że powinniśmy powyrywać wszystkie chwasty. Dlaczego nie wyrwać tylko tych dużych? Kiedy mamy gości, myślimy, że trzeba wypolerować wszystkie srebrne nakrycia stołowe. Dlaczego nie wypolerować tylko tych, których będziemy używać podczas kolacji?
- Pomyśl o czymś, co ostatnio zrobiłeś, a co uznałeś za błąd. Jak się czułeś? Co zrobiłeś ze swoim uczuciem? Czego nauczyło cię to zdarzenie? Ważne jest, abyśmy widzieli, że to, co pozytywne, w wielu przypadkach jest skutkiem tego, co nazywamy swoimi „błędami". Tak często wydarza się coś lepszego, niż mogliśmy sobie w pierwszej chwili wyobrazić.
- Spróbuj zrobić coś, czego nigdy wcześniej nie robiłeś albo przestałeś to robić, ponieważ ktoś powiedział ci, że to głupie: stań w dużym pokoju i tańcz w rytm muzyki płynącej z radia; wypróbuj jakiś przepis; wprowadź zmiany, które wydają ci się właściwe. Znajdź na swoim komputerze aplikację, której nigdy nie używałeś, wypróbuj ją i zobacz, co się stanie.

Zajmij się nową dziedziną sportową, której zawsze chciałeś spróbować; zostań niezdarnym uczniem i ciesz się własnymi błędami. Jeśli się boisz, to wiedz, że wszyscy boimy się robić to, czego nie robiliśmy nigdy wcześniej. To naturalne! Jeśli czujesz strach, zrób to, bojąc się. Pamiętaj, że upadłeś, gdy po raz pierwszy próbowałeś chodzić, ale to nie powstrzymało cię od ponowienia próby. Dzięki niepowodzeniom dowiadujemy się, gdzie popełniamy błędy.

DĄŻĄC DO PRAWDY, MOŻNA
POPEŁNIĆ DWA BŁĘDY:
NIE PRZEJŚĆ CAŁEJ DROGI
I NIE ROZPOCZĄĆ JEJ.

Siddhartha Gautama

Bieganie

Wiem, że to brzmi jak szaleństwo, ale depresja w jakiś sposób doprowadziła moje życie do stanu równowagi. Terapia rzeczywiście uwolniła mnie od okropnego stresu wywołanego przekonaniem, że wciąż powinienem zwyciężać i być we wszystkim doskonały. Zasmuca i zdumiewa mnie to, że większość życia spędziłem, walcząc pod presją perfekcjonizmu. Moja głowa wiedziała, że nie muszę być mistrzem we wszystkim, ale reszta mnie nie dostosowała się do tego. Kiedy wpadłem w poważną depresję, nagle zdałem sobie sprawę, że albo muszę pozbyć się tej nieświadomej siły pchającej do bycia doskonałym, albo prawdopodobnie nigdy nie wydostanę się z ciemności i strapienia.

Kiedy opowiadałem o swojej depresji, uderzyły mnie dwie historie, dzięki którym uświadomiłem sobie, jak byłem nawiedzony. Poczułem smutek. Odebrałem sobie pewne szanse rozwoju, ponieważ zawsze musiałem być najlepszy. Szczególnie odczuwałem to, kiedy uczęszczałem do liceum.

Byłem biegaczem na półtora kilometra w drużynie sportowej. W pierwszej klasie ustanowiłem rekord, poprawiłem wynik w drugiej i byłem niedościgniony w trzeciej, kiedy spotkałem chłopaka, którego nazwę Taylor. Pochodził z rodziny znakomitych biegaczy. Przez pierwsze trzy rundy byłem za nim. Jak tylko zadzwonił dzwonek dający sygnał do ostatniego biegu, wystartował. Biegłem w najlepszym wyścigu mojego życia, a on po prostu mnie pokonał. W tamtej chwili przyjąłem do wiadomości, że nigdy nie uda mi się go prześcignąć. To było okropne uczucie. I jeszcze się pogłębiało.

W ostatniej klasie liceum znowu dobrze biegałem. Ale wiedziałem, że był też i Taylor pokonujący każdego, z kim się zmierzył. Zbliżały się wyścigi okręgowe. Żeby przejść do finałów stanowych, musiałem wziąć w nich udział. Taylora miało tam nie być, ale wiedziałem, że w zawodach stanowych znów mnie pokona. Nie mogłem się z tym pogodzić. Zastosowałem więc jedyny unik, na jaki wpadłem.

Nie czułem się zbyt dobrze, ale biegałem nieźle, będąc w o wiele gorszym stanie. Tak czy siak, udałem się do lekarza do kontroli. Faktycznie wiedziałem, że ten lekarz nie popierał ciężkiego treningu, jaki zalecał nasz trener. Wiedziałem też, że dałby mi zwolnienie, abym przestał biegać, a także zwolnienie z wyścigów okręgowych. Teraz, patrząc wstecz, wiem, że podświadomie czułem, że po prostu nie mogę ponownie zmierzyć się z Taylorem i zostać pokonanym. Życie ze świadomością, że nawet nie podjąłem próby, było jednak lepsze niż przegrana z Taylorem. Co za stracona szansa.

W moim życiu marnowałem dobre szanse tylko dlatego, że myślałem, że nie mogłem odnieść sukcesu czy być doskonały. Jeszcze inny przykład świadczy o szczególnym kalectwie. Oto żyję w erze komputerów, a nie potrafię pisać na klawiaturze.

W ostatniej klasie liceum miałem okazję uczestniczyć w kursie nauki pisania na klawiaturze, ale nie zdecydowałem się podjąć trudu. Moją średnią było doskonałe 4,0 - same A przez cztery lata [najwyższą oceną w USA jest A, odpowiadająca średniej 4,0 - przyp. tłum.]. Ponieważ moje zdolności manualne były dość ograniczone, obawiałem się, że ocena z kursu byłaby niższa od celującej i nie byłbym prymusem. I tak zostałem prymusem nieumiejącym pisać na klawiaturze. Miałem doskonałą średnią, ale nie posiadałem jednej z podstawowych praktycznych umiejętności. Kolejna stracona szansa.

Moje życie było dobre, nie zrozum mnie źle. Nawet uległo poprawie, odkąd po depresji przyjąłem do wiadomości, że nie muszę być najlepszy. Teraz biegam dla rozrywki, ale wciąż ktoś musi dla mnie przepisywać teksty na komputerze.

Vincent Hatt

ABY DOROSNĄĆ, TRZEBA SIĘ
ZDOBYĆ NA ODWAGĘ
I STAĆ SIĘ TYM,
KIM SIĘ NAPRAWDĘ JEST.

e.e. cummings

Historia Toma

Tom, czterdziestojednoletni mężczyzna, umierał na AIDS. Rodzina się go wyparła, a rodzice dosłownie zamknęli go w sypialni na piętrze. Dzięki Bogu zapewniali mu to, co najpotrzebniejsze do przeżycia - jedzenie i wodę.

Kiedy po raz pierwszy odwiedziłam Toma w domu jego rodziców, zaprowadzono mnie do jego sypialni. Ten wielki, przystojny mężczyzna był teraz strasznie chudy i ginął w wielkim łożu. Pochyliłam się, aby go ucałować, i usiadłam obok łóżka.

Wzięłam go za rękę i powiedziałam: „Teraz powiedz, co chcesz, abym wiedziała".

„Nikt mnie już nie dotyka".

Trzymając go za rękę, pozwoliłam mu opowiedzieć swoje dzieje.

Byłam u Toma jeszcze kilkakrotnie. Jego stan stale się pogarszał, więc trzeba było zabrać go do szpitala. Codziennie po pracy jechałam go odwiedzić. Próbowałam włączyć do rozmowy jego matkę i ojca. Bez powodzenia. Mając świadomość, że rozmowa o stanie Toma byłaby dla nich wszystkich terapią, próbowałam wielu różnych technik. W końcu udało mi się przekonać jego brata i szwagierkę, niestety rodzice zbudowali wokół tego tematu wysoki mur. Stan Toma z każdym dniem się pogarszał.

W ciągu kolejnych pięciu tygodni zdawało mi się, że rodzina codziennie czeka na chwilę, kiedy przychodziłam do szpitala. Były momenty, które spędzałam z Tomem sama. Chciał i potrzebował opowiedzieć mi różne fragmenty swojej historii. Był wspaniałym człowiekiem, który popełnił jeden błąd, a jego konsekwencje teraz ponosił. Wydawało się, że przy mnie czuł się bezpiecznie. Nie osądzałam go. Często się śmialiśmy - ten śmiech dochodzący z jego pokoju wywoływał uśmiechy przechodzących korytarzem.

Tom uważał, że był nieudacznikiem. Chociaż każdy, kto go znał, określał go jako wielkodusznego, życzliwego, troskliwego i zainteresowanego innymi, to Tom skupił się na „tym błędzie", który popełnił. Dzielił się swoim zawstydzeniem. Co by inni o nim pomyśleli? Tom nigdy nie wdawał się w szczegóły, nigdy więc nie dowiedziałam się, w jaki sposób zachorował.

Tom martwił się o swoich przyjaciół, od których się odsunął. Tyle nieodebranych telefonów i wiadomości! Przyznał, że chronił siebie i usunął się w cień. Doświadczył okresów wielkiego zawstydzenia. Desperacja była nieraz jego jedyną towarzyszką.

Zwierzył się ze spowodowanej takim postępowaniem samotności.

Pewnego dnia poprosił mnie, abym skontaktowała się z jego znajomą Anną i zapytała, czy chciałaby go odwiedzić. Tom i Anna byli dobrymi przyjaciółmi, lecz nie widzieli się ponad dwa lata. Zbytnio się wstydził, aby jej powiedzieć o swoim stanie.

Z rozmowy z Anną wynikało, że poczuła się zdradzona i porzucona. „Dlaczego nie powiedział mi, co się dzieje?" - zawołała. Nie miałam pewności, czy odwiedzi Toma.

Następnego poranka zadzwoniła do mnie i zapytała o godziny odwiedzin w szpitalu. Zaproponowałam, że zabiorę ją ze sobą. Kiedy weszłyśmy do pokoju, obydwoje wyglądali na przestraszonych. Ale kiedy się przytulili, rozmowa stała się łatwiejsza.

„Co zrobiłam, że zerwałeś ze mną kontakt?" - zapytała Anna.

„Nic. Tak bardzo się wstydziłem powiedzieć ci o sobie".

„Dla mnie to nie ma znaczenia. Brakowało mi ciebie, bardzo się martwiłam".

„Anno, cieszę się, że przyszłaś. Przepraszam. Wybacz mi, proszę".

Popłynęły łzy. Dwoje przyjaciół znów się spotkało.

Jedną z ostatnich rozmów Tom odbył z bratem. Powiedział: „Mam AIDS. Ale wiem, że jestem dobrym człowiekiem, i mam nadzieję, że mnie kochasz".

Brat Toma podszedł do łóżka i przytulił go. „Tak, kocham cię. Tak bardzo cię kocham. Nie dbam o to, że jesteś chory. Kocham cię".

Ojciec Toma w dalszym ciągu stał w oddali, ale zdawało mi się, że dzieląca ich przepaść nieco zmalała, zanim Tom umarł. W noc przed jego pogrzebem, ojciec Toma objął mnie i powiedział: „Chciałem mieć doskonałego syna. Przez jakiś czas myślałem, że był nieudacznikiem. Ale w ciągu tych tygodni w szpitalu zacząłem go od nowa poznawać. Tak bardzo go kochałem. Był dobrym chłopakiem. Jestem z niego dumny".

Tom umarł, wiedząc, że jego ojciec akceptował i kochał go i że nawet kiedy popełniamy błędy, możemy być doskonali.

UPADNIJ SIEDEM RAZY,
ALE ZA ÓSMYM POWSTAŃ.

Przysłowie japońskie

SPOSÓB DRUGI:

zmień sposób mówienia o sobie

ŻYCIE JEST TAKIE, JAKIM JE CZYNIMY.
ZAWSZE TAK BYŁO, JEST I BĘDZIE.
Babcia Moses

Konwersacja tocząca się w naszych głowach nie zna końca. Zawsze myślimy i rozważamy. Napływa do nas nieustanny strumień informacji. Kiedy wiadomości nie są dobre, mamy tendencję do internalizowania ich negatywności. Zaczyna działać mechanizm nazywany samospełniającym się proroctwem, np. gdy mówimy sobie, że nie potrafimy czegoś zrobić, to nieuchronnie nam się to nie uda.

Nasz sposób mówienia o sobie może się stać scenariuszem, według którego żyjemy. Nasze lęki, wątpliwości, skierowane przeciw samym sobie scenariusze zaczynają odgrywać główną rolę. Jeżeli chcemy to zmienić i zredukować stopień towarzyszących nam stresów, musimy zmienić sposób mówienia o sobie.

Szkoła podstawowa, do której uczęszczałam, znajdowała się w pobliżu mojego domu, w bezpiecznym i spokojnym miasteczku, gdzie wszyscy się znali i wzajemnie o siebie troszczyli. Ludzie szanowali cudzą własność i na porządku dziennym były wyrazy pamięci o sąsiadach. Wszyscy byli dla siebie jedną wielką rodziną.

W trzeciej klasie miałam wspaniałą nauczycielkę, która z każdego ucznia potrafiła wydobyć jego najlepsze cechy. Dzięki niej w szkole było przyjemnie, co motywowało nas do starania się o dobre stopnie i przykładania do nauki - dzieci porównywały swoje stopnie, a każde chciało mieć najwyższą średnią.

Pamiętam, jak patrzyłam na swoją końcową średnią - 99,4 - i czułam wzruszenie. Wtedy dowiedziałam się, że mój kolega z klasy, Jimmy, miał średnią 99,6. Dwie dziesiąte punktu więcej niż ja! To dlatego, że potrafił przeliterować słowo, z którym ja nie mogłam sobie poradzić. Tamtego dnia raz na zawsze uznałam, że nie potrafię literować. To przekonanie utkwiło w mojej głowie i minęło dużo czasu, zanim się go pozbyłam.

Musimy być ostrożni, wydając sądy na własny temat. Świadczy o tym incydent z życia pisarza Normana Cousinsa. Właśnie czekała go seria wykładów. Czuł się jednak wyczerpany i potrzebował przerwy. Spoglądając w swój kalendarz, zdał sobie sprawę, że czekają go trudne dwa tygodnie - codziennie wykład, a w niektóre dni nawet dwa. Poprosił sekretarkę, aby odwołała spotkania wyznaczone w ciągu dwóch najbliższych dni. Przyznał, że był wyczerpany i potrzebował przerwy. Kobieta powiedziała jednak, że nie wolno mu tak po prostu zrezygnować.

„Co masz na myśli, mówiąc, że nie mogę tego zrobić?" - zapytał.

Odpowiedziała, że nie dzieje się nic nadzwyczajnego, nie ma przecież ataku serca, więc nie ma powodu niczego odwoływać. Cousins przytaknął. Uznał, że miała rację.

Dwa lata później przeżył atak serca. Zgodnie z wcześniejszym sposobem myślenia, miał wreszcie powód, aby odwołać spotkania i odpocząć. Tak jak w przypadku Cousinsa, przekaz, który kodujemy w swoim umyśle, często się urzeczywistnia.

Jeśli mówimy sobie, że nie potrafimy literować wyrazów albo że jesteśmy głupi czy niezdolni nauczyć się obsługi komputera, wówczas internalizujemy te informacje dopóty, dopóki to rzeczywiście się nie spełni. To, co o sobie mówimy, zaczyna definiować naszą pewność siebie. Zaczynamy stawać się tacy, jak sobie wmawiamy.

Krytyczne mówienie o sobie podnosi nasz poziom stresu. Dobra wiadomość to taka, że jesteśmy w stanie to zmienić. Możemy zmienić negatywne myśli na swój temat w pozytywne, wsłuchując się uważniej w to, co myślimy o danej sytuacji czy frustracji. Samo powiedzenie sobie, że potrafimy się zmienić, stanowi początek tego procesu.

Z NASZYCH MYŚLI BUDUJEMY SWÓJ ŚWIAT. MIEJ ZŁE MYŚLI, A ZŁO PÓJDZIE ZA TOBĄ Z TAKĄ PEWNOŚCIĄ, Z JAKĄ WÓZ JEDZIE ZA WOŁEM.

Siddhartha Gautama

Zmień sposób mówienia o sobie

- Słuchaj własnych myśli i oceń, czy są negatywne, czy pozytywne. Jeśli twoje przesłania są tylko negatywne, to nic nie będzie w porządku. Jeśli są pozytywne, odbierasz korzystnie to, co dzieje się wokół ciebie. Gdy zdasz sobie sprawę, że mówisz o sobie negatywnie, możesz to zmienić. Zatem spędzaj trochę czasu, wsłuchując się w to, co sam do siebie mówisz. Zapisuj to, jeśli wyda ci się to pomocne.
- Dobrym sposobem na nauczenie się pochlebnego wyrażania się o sobie jest recytacja jednego pozytywnego słowa lub afirmującego zdania w rytm oddechów. Samo głębokie oddychanie może nam pomóc zredukować stres i poczuć większą równowagę; nadawanie przesłania pozytywnemu słowu lub zdaniu ugruntowuje w nas dobrą ocenę własnej osoby. Taka forma oddychania w połączeniu z umacniającym słowem lub zdaniem jest wspólna dla wszystkich wielkich religii świata.

Jej chrześcijańską formułę można znaleźć w książce zatytułowanej *Chmura niewiedzy* [Wydawnictwo Benedyktynów, Tyniec 2006] autorstwa anonimowego angielskiego księdza z XIV wieku. Tak pisze o połączeniu oddychania i słowa: „Jeśli chcesz zawrzeć całe swoje pragnienie w jednym słowie, które umysł może łatwo zapamiętać, wybierz raczej krótkie. Jednosylabowe wyrazy, jak „Bóg" albo „miłość" [w języku angielskim love - przyp. tłum.], są najlepsze. Ale wybierz takie, które dla ciebie ma znaczenie. Potem utrwal je w swoim umyśle, aby pozostało tam, choćby nie wiem, co się działo. Słowo to będzie twoją obroną w czas wojny i pokoju. Posługuj się nim do atakowania otaczającej cię chmury ciemności i do uporządkowania wszelkich rozproszeń.
Powtarzanie jednego słowa lub krótkiego zdania może mieć potężną moc. Oto kroki, jakie należy podjąć: najpierw usiądź rozluźniony. Wycisz się, wykonując ćwiczenia rozciągające i głęboko oddychając. Potem wybierz jedno słowo lub krótkie zdanie, które w jakiś sposób wyraża to, co jest dla ciebie najwartościowsze, i które cię wzmacnia. Może to być imię Boga (np. Mądrość, Allach, Światłość) lub inne kojące, pozwalające się skupić słowo lub zdanie: pokój, miłość, dobro, nadzieja, spokój. Zacznij je w duchu powtarzać, w rytmie zgodnym z własnym oddechem. Jeśli twoja myśl ucieka lub się rozpraszasz, delikatnie zacznij powtarzać swoje słowo od nowa. Zakończ, wyrażając wdzięczność: modlitwą dziękczynną lub uśmiechem. To skupione oddychanie można uprawiać wszędzie i zawsze, kiedy potrzebujesz pozytywnego myślenia o sobie".

- Pomyśl, co ci doskwiera. Może to być problem rodzinny, zbliżające się spotkanie towarzyskie, kłopoty w pracy albo dawny konflikt z ważną osobą. Możesz coś na to poradzić? Pomyśl o ludziach, których mógłbyś poprosić o pomoc lub radę. Ułóż plan rozwiązania problemu. Wtedy będziesz miał kontrolę. Nie utwierdzaj się w negatywnej opinii o sobie.

- Zrób listę kilku pozytywnych przesłań, które codziennie powinieneś powtarzać, np. „Potrafię dochowywać tajemnicy" albo „Można na mnie polegać". Przeczytaj tę listę kilka razy dziennie, jeśli potrzeba, i zacznij przemawiać do siebie pozytywnie, dopóki naprawdę nie uwierzysz każdemu orędziu.

TO, CO ZA NAMI, I TO, CO PRZED NAMI,
TO DROBNOSTKI W PORÓWNANIU
Z TYM, CO W NAS SIĘ ZNAJDUJE.

Ralph Waldo Emerson

Gadanie

Cały dzień mówię do siebie. Zanim zaczniesz się zastanawiać, czy z moją głową wszystko w porządku, uspokoję cię - myślę, że jestem całkiem normalna, wysyłając do siebie wiadomości; one zdają się wywierać wpływ na moje relacje ze światem. Wiadomości, które komunikuję samej sobie, mogą być zachęcające, wspierające i pouczające. Jednak mogę także wysyłać wiadomości niszczące lub raniące moje poczucie własnej godności. Kiedy cały dzień bombardują mnie nieuniknionymi stresorami, wtedy to, co mówię do siebie, wpływa na to, jak skutecznie radzę sobie w codziennych sytuacjach. Ponadto moje słowa mogą mieć wpływ na mój wewnętrzny pokój.

Jako konsultant ds. zarządzania i instruktor na szkoleniach, zachęcam klientów, aby uświadomili sobie, jakie informacje wysyłają do samych siebie. Czy są pozytywne, czy negatywne? Motywują czy zniechęcają? Próbuję dzielić się z moimi klientami tym, czego nauczyłam się przez lata, a co pomogło mnie samej.

Kilka lat temu prowadziłam szkolenie dla grupy pracowników pewnej fabryki. Jakiś czas wcześniej kierownictwo przeprowadziło reorganizację; oznaczała ona, że wielu pracowników musiało uczyć się nowych umiejętności albo w inny sposób - niż przez ostatnich piętnaście czy dwadzieścia lat - wykonywać dotychczasowe obowiązki. W skład zespołów wchodziły zarówno osoby z wieloletnim stażem, jak i zupełnie nowi, dużo młodsi pracownicy, którzy niecierpliwili się, że ich starsi koledzy potrzebują więcej czasu na nauczenie się nowych zasad pracy.

Kierownictwo zatrudniło mnie, abym poprawiła komunikację w zespole i przeprowadziła ćwiczenia integrujące. Pracowałam z sześcioma różnymi grupami. W jednej z nich starsza kobieta wydawała się niespokojna i spięta. Zdawało się, że Sarah próbuje zrozumieć to, czego ich uczyłam. Jej wystraszona twarz mówiła mi, że nie bardzo rozumie koncepcję tych ćwiczeń. Wreszcie, ze łzami w oczach, przyszła do mnie po wyjątkowo trudnej sesji o wypowiadaniu twórczych opinii.

„Nigdy nie będę w stanie się tak zmienić. Nie umiem nauczyć się nowej pracy, a inni są o wiele szybsi ode mnie".

Mając czterdzieści pięć lat, czuła się stara i obawiała się, że straci pracę. W dodatku nie mogła się dogadać z innymi członkami zespołu, ponieważ myślała, że nikt jej nie lubi. Próbowała być przyjazna. Nawet kupowała im prezenty. Ale po prostu nie czuła się wystarczająco dobra. Stres w pracy zaczął odbijać się na jej życiu osobistym.

Wysłuchawszy litanii lęków Sarah, zapytałam ją, co o sobie myśli, jakiej treści sygnały do siebie wysyła. Usłyszałam tylko, że jest „za stara, za mało sympatyczna i zbyt powolna". Rozmawiałyśmy o jej pracy przed zmianą. Jak sobie radziła? Odnosiła sukcesy? Czy w każdym tygodniu wypełniała swoje zadanie?

„Zawsze wypełniałam swoje zadanie. Niewiele więcej, ale radziłam sobie wystarczająco dobrze. Jednak te młode dziewczyny są o wiele szybsze ode mnie".

Rozmawiałyśmy o jej osiągnięciach jako żony i matki, opowiedziała mi, jak prowadziła dom, wychowywała dzieci, pracowała przez te wszystkie lata i całkiem skutecznie radziła sobie ze wszystkimi obowiązkami. Jej twarz zaczęła się rozjaśniać, kiedy zdała sobie sprawę, że w wielu dziedzinach życia odnosi sukces.

„A teraz przyjrzyjmy się tym wiadomościom, jakie sobie wysyłasz" - pokierowałam. „Zobacz, czy możesz je zamienić na pozytywne oświadczenia".

„Masz na myśli tę, że jestem za stara?" - przerwała i mówiła dalej. „Mam o wiele większe doświadczenie niż te młode dziewczyny. Jestem doświadczonym pracownikiem".

„Dobrze" - odpowiedziałam. „A teraz co z przekonaniem, że nie możesz nauczyć się nowych rzeczy? Czy nie powiedziałaś mi, że kilka lat temu wprowadziłaś zmiany w procesie pracy na linii produkcyjnej? Nie mogłaś się aż tak bardzo zmienić w ciągu tych pięciu lat".

„Myślę, że mogę nauczyć się nowych rzeczy. Tylko wydaje się, że jest ich za dużo naraz".

„Więc podziel to na mniejsze części. I pamiętaj o tych wszystkich chwilach, kiedy w przeszłości odnosiłaś sukces".

Zachęciłam ją, żeby mówiła sobie przez następne dwa tygodnie pomiędzy zajęciami, że jest kompetentnym pracownikiem, który potrafił nauczyć się nowych umiejętności. Dzięki wieloletniemu doświadczeniu była zdolna refleksyjnie analizować problem i znaleźć sposób, żeby odnaleźć się na nowym stanowisku. Zapisała dwie afirmacje, które zamierzała czytać codziennie przed pracą. Zamierzała je nosić w kieszeni i zaglądać do nich w ciągu dnia.

Dwa tygodnie później wróciłam do fabryki na kolejną sesję. Zanim przyszli inni pracownicy, Sarah weszła z blaskiem w oczach.

„To działa" - wykrzyknęła. „No, prawie. Codziennie mówiłam afirmacje. Mam jeszcze problem z tempem, ale wreszcie wiem, jak posługiwać się przecinarką. Ale co najważniejsze, nie boję się tak jak przedtem".

Sarah wyjaśniła potem, że już się tak nie denerwowała, idąc do pracy. Poza paroma dniami w ubiegłym tygodniu, które były straszne, wracała do domu mniej zdenerwowana.

Tamtego dnia po sesji pracowałyśmy jeszcze nad dwiema afirmacjami, jakimi mogła się posługiwać. Potem spotkałam się z nią jeszcze czterokrotnie. Za każdym razem zdawała się czuć pewniejsza siebie. Uczyła się z trudnością i często popełniała błędy. Ale była zdeterminowana, żeby zablokować te wszystkie negatywne informacje, które blokowały jej próby odniesienia sukcesu. Tak obciążyła się negatywną opinią na swój temat, że nigdy nie czuła się z sobą dobrze. Wzmagało to stres w dniu, który i tak był już stresujący.

Rok później spotkałam Sarah w sklepie spożywczym. Powitała mnie niczym dawno utraconą przyjaciółkę i powiedziała, że ma się dobrze. Nie martwiła się, że nigdy nie stanie się supergwiazdą, ale tym, że nie będzie mogła sobie wystarczająco dobrze poradzić z pracą. Bardzo się cieszyła, że nie była już taka przestraszona jak kiedyś.

„Za każdym razem, gdy potęguje się stres, wyciągam swoje przesłania, zaczynam mówić do siebie i rzeczy wracają do normy. Potrafię to robić. Robię to".

NIC NIE USUWA NIEPRZYJEMNYCH MYŚLI
SKUTECZNIEJ NIŻ KONCENTRACJA
NA PRZYJEMNYCH.
Hans Selye

Podpisywanie książek

Jeden z najbardziej wzruszających bilecików, jakie otrzymałam, przyszedł do mnie dwa dni po tym, jak podpisywałam książkę w Barnes and Noble [amerykańska sieć księgarni - przyp. tłum.].

Zwykle na spotkaniach z czytelnikami przemawiam przez pół godziny. Kiedy tamtego dnia przyjechałam do księgarni, jakieś siedem minut przed rozpoczęciem, wszystkie krzesła były już zajęte. Ludzie siedzieli na parapetach. Stojący tłum zdawał się powiększać. Byłam uradowana taką frekwencją. Tak jak i wielu wykładowcom, tak i mnie moja publiczność dodaje energii, a patrząc na ich twarze, jestem w stanie rozpoznać, jak im się wiedzie.

Naprawdę świetnie się bawiłam, mówiąc o poczuciu humoru i korzyściach, jakie z niego mamy. Śmiech jest tak wspaniałym łącznikiem, a ja się „łączyłam" z tą grupą. Ich śmiech był moją nagrodą. Zwykle proszę ludzi, żeby byli dobrzy dla samych siebie i nauczyli się trochę relaksować.

Po półgodzinie zaczęłam rozdawać autografy. Zawsze próbuję nawiązać krótką rozmowę z osobą, której podpisuję książkę. Mam do siebie zaufanie, więc mówię to, co przychodzi mi wtedy na myśl. Czasem odnosi się to do tego, co usłyszałam od danej osoby, do jakiejś uwagi czy choćby wyrazu jej twarzy podczas mojej prezentacji.

Bilecik, który otrzymałam po ostatnim spotkaniu, zaczynał się od podziękowania za dzielenie się swoim poczuciem humoru. Parę zdań dalej przeczytałam: „Było tam bardzo dużo ludzi i wątpię, abyś mnie pamiętała - drugi rząd przy oknie, w niebieskim ubraniu - ale powiedziałaś, że w trakcie spotkania utrzymywałyśmy kontakt wzrokowy i że miałam wspaniały, ciepły uśmiech".

Pamiętałam tę kobietę. Dalej w bileciku było zdanie, w którym autorka mówiła, jak wiele ten komentarz dla niej znaczył. Potem podzieliła się ze mną swoją historią. Wydawało się, że już kiedyś się spotkałyśmy. Powiedziała, że pięć lat wcześniej, kiedy przeżywała trudne chwile, trafiła do naszej poradni. Po swojej sesji siedziała, czekając na męża, który miał po nią przyjechać. Pamiętała, że za każdym razem, gdy przechodziłam korytarzem, uśmiechałam się do niej. Niestety, nie mogliśmy jej pomóc, jej stan wymagał leczenia w szpitalu.

Potem napisała: „Trzy miesiące wcześniej napiłam się benzyny i chciałam się podpalić - ostateczna ofiara dla Boga za moje liczne grzechy". I dalej: „Teraz dziękuję Bogu, że mój mąż znalazł mnie, zanim było za późno".

Pisała, że nadal dwa razy w tygodniu spotyka się z psychiatrą i „robię duże postępy, ale nawiązywanie kontaktu wzrokowego i okazywanie radości nie przychodzą z łatwością. Więc kiedy powiedziałaś o tym, co stało się na spotkaniu, pomyślałam tylko: »Wow. Ja? Nie do wiary!«".

Zakończyła, dziękując mi za „słowa, które tak wiele znaczyły".

Podziękowałam jej za bilecik i jeszcze raz uświadomiłam sobie, że nigdy nie wiemy, jak nasze słowa wpływają na drugą osobę. Nie zdajemy sobie sprawy z wpływu, jaki mamy. Nigdy nie wiemy, co ludzie noszą w swoich sercach.

Jej sposób mówienia o sobie doprowadził ją na krawędź samozniszczenia. Moje słowa jej pomogły. Teraz zaczęła długą drogę powrotu do zdrowia poprzez mówienie do siebie w nowy i pozytywny sposób. Jakiż przywilej dla mnie, że otrzymałam ten bilecik i zostałam włączona w jej historię.

UMYSŁ TO SWOISTE MIEJSCE I SAM
W SOBIE MOŻE UCZYNIĆ NIEBO
Z PIEKŁA, PIEKŁO Z NIEBA.

John Milton

SPOSÓB TRZECI:

trzymaj się priorytetów

TO JA MAM RZĄDZIĆ ZEGAREM,
NIE ZEGAR MNĄ.
Golda Meir

Najpopularniejsza współcześnie gra nazywa się „zajęty". Na przykład rodzice wyliczają miliony rzeczy, które codziennie muszą wykonać, nie zostawiając sobie wolnego czasu. Są taksówkarzami swoich dzieci, wożąc je na imprezy sportowe, na lekcje tańca i muzyki. Rodzice muszą także kontrolować pracę domową i znaleźć czas na wypełnianie zobowiązań wobec kościoła. Poza tymi pracami w nadgodzinach, muszą mieć czas, żeby iść do pracy, przygotowywać posiłki, posprzątać dom, zrobić pranie, zaangażować się w działalność wolontaryjną, zadbać o relacje z dalszą rodziną oraz znaleźć czas na sen. A ten przychodzi bardziej z wyczerpania.

Nie można zapominać, że każdy ma w ciągu dnia do wykorzystania tyle samo sekund (86 400). Ani więcej, ani mniej. Jednak wszyscy możemy decydować, jak ten czas wykorzystać. To właśnie umiejętność dokonywania wyborów, kierowania się określonymi przez siebie priorytetami może wpłynąć na podniesienie jakości naszego życia.

Jest taka stara opowieść o trzech murarzach budujących ścianę. Podchodzi do nich człowiek i pyta każdego: „Co robisz?". Pierwszy, splunąwszy na ziemię, spogląda w górę i mówi: „Buduję ścianę. Nie widać?". Drugi stęka i marszczy brwi: „Zarabiam na życie". Trzeci murarz spogląda w górę z błyskiem w oku i oświadcza: „Buduję katedrę". Jak myślisz, który z nich pod koniec dnia czuje się rześko? Czyje spojrzenie jest najbardziej pozytywne?

Pewna wschodnia maksyma głosi, że „myśli to rzeczy". Nasze postawy, nasza percepcja określają, co jest naszym priorytetem, jak układamy swoje życie. Aby każdy dzień był zrównoważony i zdrowy, musimy podejmować decyzje dotyczące wykorzystania czasu oraz określać, co jest ważne. Nie możemy cieszyć się obecnością przyjaciela, jeśli czujemy się przemęczeni, połamani czy poobijani. Nie możemy dostrzegać darów i błogosławieństw, jeśli z góry patrzymy na drogę i na kolejny kryzys, który może się pojawić. Nie jesteśmy w stanie ujrzeć „katedry", jeśli skupiamy się na „cegłach" czy „wypłacie".

Musimy zacząć zadawać sobie pytanie: „Co rzeczywiście jest istotne?". Może się okazać, że to pozwoli nam zupełnie inaczej przeżywać każdy dzień. Być może zdecydowalibyśmy się puszczać latawiec ze swoim dzieckiem zamiast zaliczać nadgodziny, iść do kina z przyjacielem, posiedzieć na podwórku i podziwiać piękno nieba o zmierzchu, ujrzeć oblicze Boga w nowo narodzonym dziecku, poczuć błogosławieństwo, którym obdarzy nas starsza osoba, kiedy usiądziemy i posłuchamy opowieści, którą uwielbia snuć wciąż od nowa.

Przywołuje to na myśl opowiadanie o kobiecie, która chciała dowiedzieć się, jak jest w niebie. Ciągle modliła się o to poznanie. Pewnej nocy miała sen - przyszedł do niej anioł i zabrał ją do nieba. Szli ulicą, a kiedy podeszli do zwyczajnie wyglądającego domu, anioł powiedział: „Idź, zajrzyj do środka".

Weszła i ujrzała kobietę przygotowującą obiad, mężczyznę czytającego gazetę i bawiące się dzieci. Kobieta obróciła się do anioła i zapytała: „Czy właśnie tak wygląda niebo?".

Anioł odpowiedział: „Ci ludzie, których widziałaś w domu, nie są w raju. Raj jest w nich".

Czy rzeczywiście u schyłku życia będziemy się martwili o wszystkie przepracowane godziny, o zebrania, w których braliśmy udział czy nawet o pieniądze, jakie zgromadziliśmy? Czy też pomyślimy, że mogliśmy spędzać więcej czasu, śmiejąc się, rozmawiając z ukochanymi osobami, odpoczywając i wypełniając swoje serca i dusze życiodajnymi wspomnieniami? Niech zgadnę - wybralibyśmy to drugie.

Jeśli kierujemy się priorytetami, układając swój dzień, i skupiamy się na tym, co ważne, będziemy bardziej cieszyli się życiem, a nasz stres będzie mniejszy. Nie będziemy czuli się winni, spędzając czas z naszymi ukochanymi lub robiąc rzeczy, które naprawdę lubimy, które sprawiają nam przyjemność.

Nasza kultura nie uczy nas wypoczynku. Trudno to zmienić. Trzeba praktykować kierowanie się priorytetami, oddzielając to, co ważne, od tego, co nieważne. Trochę odpoczynku i życie zgodnie z przyjętymi priorytetami redukuje nasz stres, pozwala odnaleźć raj, który właśnie teraz znajduje się w naszym wnętrzu.

JEŚLI CHCEMY SKOŃCZYĆ
Z MECHANICZNYM I OBSESYJNYM STYLEM
DZIAŁANIA (...), MUSIMY NAJPIERW
NAUCZYĆ PYTAĆ SIEBIE PO PROSTU:
„DLACZEGO JA TO ROBIĘ?".

Parker Palmer

Trzymaj się priorytetów

- Gdybyś miał tylko sześć miesięcy życia, jak spędzałbyś ten czas? - zapisz swoje myśli w dzienniku, np.:
  - z kim chciałbyś spędzać najwięcej czasu?,
  - co na pewno chciałbyś zrobić?,
  - co stanowi dla ciebie najlepszą część życia?

- Zapisz trzy najważniejsze dla ciebie wartości:
  - ponumeruj je od 1 do 3 w hierarchii ważności.
  - gdyby ktoś przeczytał twój plan dnia, to gdzie odnalazłby te wartości, czy dostrzegłby je w tym, jak spędzasz czas?
- Sporządź listę marzeń, które chciałbyś, aby spełniły się w twoim życiu. Przy każdym zapisz, co musiałbyś zrobić, aby je zrealizować. Bądź realistą. Nie można osiągnąć wszystkiego w jeden dzień czy tydzień.
- Weź kalendarz i wyznacz przynajmniej dwa dni w miesiącu, w których zrobisz coś dla siebie (np. pójdziesz do kina albo restauracji).
- Wyznacz sobie granice, biorąc pod uwagę wyniki trzech pierwszych ćwiczeń (co byś zrobił, gdybyś miał tylko rok życia; trzy najważniejsze dla ciebie wartości; lista twoich marzeń), i określ przeszkody, które regularnie utrudniają ci postępowanie zgodne z twoimi priorytetami, np. wartość: spędzanie czasu w weekendy z moim mężem/moją żoną i dziećmi; przeszkoda: nie będę sprawdzał swoich e-maili z biura w weekendy ani zajmował się pracą biurową w niedziele. Ogranicz podejmowanie czynności, które przeszkadzają ci w kierowaniu się twoimi priorytetami, uwzględniając twoje marzenia.
- Wstań właśnie w tej chwili i zrób coś zupełnie „bezużytecznego", ale co zgadza się z twoimi wartościami i priorytetami, np. przytul ukochaną osobę, posłuchaj ulubionej muzyki, upiecz ciastka, zagraj w kosza z twoim nastoletnim dzieckiem, pogwizdaj przez chwilę, spacerując dookoła bloku ze swoim psem, zasadź kilka cebulek kwiatowych albo zrób anioła na śniegu.
- Jednym ze sposobów trzymania się swoich priorytetów jest pisanie dziennika. Christina Baldwin w swojej książce *Life's Companion* mówi, że „Luźne zapiski pod przykrywką chaotycznych powierzchownych myśli ukazują to, co naprawdę

dla ciebie istotne". Jest to szczególnie pożyteczna metoda pozwalająca wyrazić to, co nas stresuje, a kiedy jesteśmy wykończeni, pomaga zobaczyć, czy nasze czyny w tym dniu zbliżyły nas do życiowego celu. Wskazówki: przyłóż długopis do papieru i zacznij pisać. Może napisz o czymś, co wydarzyło się tego dnia. Napisz o kimś, kogo spotkałeś. Jednak nie staraj się na siłę poprawnie formułować swoich myśli; po prostu przelej na papier to, co przychodzi ci w danej chwili do głowy. Niech długopis się porusza. Jeśli poczujesz, że masz pustkę w głowie, pisz nazwy rzeczy, które znajdują się w pokoju, i ruszaj dalej. Kiedy uznasz, że napisałeś już wszystko, zatrzymaj się. Zapisz uczucia, których doświadczałeś w ciągu dnia, kierując się swoimi priorytetami.

SPOSOBEM NA PODWYŻSZENIE CIŚNIENIA
JEST WYPRAWA NA GÓRSKĄ
WSPINACZKĘ PO KRETOWISKACH.
Earl Wilson

Najpierw to, co ważne

Steve i Joan, małżeństwo od pięciu lat, zdecydowali, że potrzebują doradcy małżeńskiego. Steve, aby zarobić na rodzinne wydatki, codziennie przez wiele godzin pracował w sklepie z maszynami. Joan zajmowała się w domu dwójką małych dzieci: jedno miało roczek, a drugie dwa lata.

Steve wracał z pracy i nigdy nie przeszedł obok kuchni bez narzekania, ponieważ panował tam straszny bałagan - naczynia w zlewie, płatki zbożowe na podłodze, wszędzie zabawki. Małżonkowie dawno temu ustalili, że to Steve będzie przygotowywał kolacje - teraz, zanim mógł zacząć gotowanie, musiał posprzątać.

Joan była zmęczona nieustanną opieką nad dziećmi. Nigdy nie miała chwili spokoju i ciszy. Karmienie, kąpiel, układanie do snu - kiedy kończyła te wieczorne czynności, zwykle była ósma. Wówczas dopiero mogli usiąść do kolacji. Steve lubił wtedy oglądać telewizję. Gdy skończył, kładł się na łóżko i dalej oglądał telewizję. To doprowadzało Joan do granic wytrzymałości: „Jak może tam siedzieć i oglądać futbol? Jestem wykończona. Jedyne, co dziś od ciebie usłyszałam, to narzekania, że w kuchni znowu jest bałagan".

Każdego wieczoru ta scenka się powtarzała. Przyszli do poradni, ponieważ oboje zdali sobie sprawę, że nie mogą tak dalej żyć.

Podczas pierwszej sesji każde opisało zachowanie drugiego. Zgodnie z wersją Joan, wszystko, co robi Steve, to pójście do pracy, powrót do domu, sprzątnięcie kuchni, wrzeszczenie, że dzieciaki za dużo hałasują, i oglądanie telewizji. Steve natomiast zastanawiał się, co też Joan robiła cały dzień. Nie pracowała, dzieci miały drzemki, a w domu był zawsze bałagan. Oboje szorstko odpowiadali na zarzuty.

Zaproponowano im rozwiązanie: spędzać ze sobą 20 minut dziennie bez dzieci i telewizji? Tylko 20 minut, przeznaczone na rozmowę i bycie ze sobą.

Wydawało się, że to niemożliwe. Steve podkreślał, że telewizja go relaksuje. Twierdził, że pracuje sześć dni w tygodniu, a w wolny dzień lubi grać w golfa (Joan sarkastycznie zapytała, kiedy to ona miała wolny dzień).

Po kilku sesjach zaczęli sobie uświadamiać, jak chcieli, aby wyglądało ich życie. Chcieli być szczęśliwym małżeństwem, być zdrowi i mieć szczęśliwe dzieci. Chcieli wieść spokojne, rodzinne życie. Uznali więc, że należy zacząć od wyrzucenia z kuchni telewizora. Czas kolacji miał być przeznaczony na rozmowę. Po kolacji siadywali obok siebie na kanapie i przytulali się jeszcze parę minut.

Steve postanowił też, że nie musi grać w golfa co tydzień. A kiedy grał, uznał, że wystarczy mu dziewięć dołków zamiast osiemnastu. Dzięki temu miał więcej czasu dla rodziny.

Joan postanowiła przybierać spokojniejszy ton podczas rozmów, nie wygłaszać Steve'owi kazań i nie karcić go. Postanowiła również, że będzie pilnowała porządku w kuchni, zaczynała przygotowywać kolację, aby mieli więcej wolnego czasu na wspólny odpoczynek.

Wyznaczanie priorytetów pomogło im zdecydować, co było ważne. Mieli wtedy podstawy do realizacji celów, a to powoli eliminowało część stresu z ich zagrożonego małżeństwa.

ZAKOŃCZ KAŻDY DZIEŃ I NIE PRZEJMUJ SIĘ NIM.
ZROBIŁEŚ, CO MOGŁEŚ;
WKRADŁY SIĘ ZAPEWNE JAKIEŚ POMYŁKI
CZY NIEDORZECZNOŚCI.
ZAPOMNIJ O NICH JAK NAJSZYBCIEJ.
JUTRO JEST NOWY DZIEŃ,
POWINIENEŚ ROZPOCZĄĆ GO DOBRZE I SPOKOJNIE.

Ralph Waldo Emerson

Dwa lewe buty

Każdy dzień ma niezrównaną wartość. Jeśli uświadomimy sobie, że nie wiemy, ile tych cennych dni jeszcze nam pozostało, zaczynamy zmieniać swoje priorytety.

Pamiętam, jak zaproszono mnie do Utica, abym wygłosiła wykład. Droga między Albany a Utica w stanie Nowy Jork zajmuje zwykle około półtorej godziny. Gdy obudziłam się tamtego poranka, wyjrzałam przez okno sypialni, aby zobaczyć, że w nocy zostałam „obdarowana" górą śniegu, który zresztą nadal sypał.

Mimo to zamierzałam dojechać do Utica na czas. Ubrałam się szybko, chwyciłam najpotrzebniejsze rzeczy, wybiegłam z domu i wrzuciłam do samochodu swoją teczkę.

Jazda była niebezpieczna. Śnieg pokrywał ulice i widoczność była ograniczona. Nie mogąc nic na to poradzić, trzymałam mocno kierownicę, byłam bardzo czujna i modliłam się.

Dojechałam na spotkanie z około pięciominutowym opóźnieniem. Biorąc pod uwagę pogodę, poradziłam sobie nadzwyczaj dobrze. Wyskoczyłam z samochodu, chwyciłam teczkę i buty. Ponieważ było dużo śniegu, założyłam kozaki. Chciałam je zmienić w audytorium.

Ktoś na podium zobaczył, jak wchodziłam. Ogłosił, że dotarłam i możemy zaczynać. Kiedy czytał wprowadzenie, przedstawiając mnie uczestnikom, zdjęłam zimowy płaszcz i kozaki. Sięgając do torby, wyjęłam buty - okazało się, że jeden jest niebieski, a drugi czarny. Po chwili odkryłam też, że obydwa są lewe! Stałam zakłopotana, patrząc na nie. W żaden sposób nie mogłam wcisnąć prawej stopy do lewego buta.

W chwili gdy bezradnie patrzyłam na moje obuwie, pani wygłaszająca wprowadzenie, powiedziała: „Tak bardzo się cieszymy, że dziś rano jest z nami Anne Bryan Smollin, która pomoże nam wstać z łóżka prawą nogą".

Weszłam na scenę w rajstopach, niosąc swoje dwa lewe buty. Musiałam zdecydować, co było ważniejsze: mój wygląd czy treść wykładu. Nie muszę dodawać, że to wejście było prawdziwym sukcesem. Przypuszczam, że moje priorytety były jasne. Ciekawy wykład, podzielenie się z publicznością tym, czego się nauczyłam, i bezpieczna droga były o wiele ważniejsze niż właściwe buty. Poza tym wszyscy uśmialiśmy się z tej historii, a to zawsze dobrze wpływa na rozpoczęcie rozmowy czy prezentacji.

Choroba pomaga nam uświadomić sobie, co w życiu jest naprawdę istotne. Moja przyjaciółka Rose Ann, która cierpi na ALS [stwardnienie zanikowe boczne - przyp. tłum.] zwane chorobą Lou Gehriga, napisała mi kiedyś liścik: „Zwykle myślałam: »O mój Boże, kolejne urodziny!«, a teraz mówię: »Dzięki Ci, Boże, za kolejne urodziny!«". Ludzie i takie radosne chwile stają się znowu ważne. Dean Ornish zauważył: „Miłość i zażyłość to dwa główne powody, które zarówno przyprawiają nas o chorobę, jak i pomagają, wywołują smutek i niosą radość, sprawiają cierpienie i prowadzą do uzdrowienia". Także często słyszeliśmy ludzi przypominających nam, że nie doceniamy swojego zdrowia, dopóki nie zachorujemy. Zależy nam na dopięciu na ostatni guzik bzdur, a nie zwracamy uwagi na naprawdę istotne sprawy. Obawiam się, że większość z nas uczy się powoli. Ja także. Z wyjątkiem tamtego dnia, kiedy miałam tylko dwa lewe buty.

ZWOLNIJ I CIESZ SIĘ ŻYCIEM.
KIEDY IDZIESZ ZA SZYBKO,
NIE TYLKO WIDOKÓW SIĘ POZBAWIASZ
- NIE CHWYTASZ TAKŻE
SENSU TEGO, DOKĄD
ZMIERZASZ I DLACZEGO.
Eddie Cantor

SPOSÓB CZWARTY:

bądź obecny, tam gdzie jesteś

ZDROWY ROZSĄDEK MÓWI, ŻE ŚWIADOMOŚĆ
BEZPOŚREDNIA JEST PO PROSTU
STANEM UZNANIA JAKIEJŚ WARTOŚCI.
NIE TRZEBA NIC Z TYM ROBIĆ, ZUPEŁNIE NIC.

Gerald May

Jest taka świetna opowieść zen, która przypomina nam, abyśmy byli prawdziwie obecni tam, gdzie jesteśmy, i otwarci na prawdę, w obliczu której stajemy. Oto ona:

Młody wdowiec wrócił pewnego dnia do domu i zobaczył, że jego dom spłonął, a pięcioletni synek zaginął. Obok ruin leżało zwęglone ciało dziecka. Wdowiec płakał i płakał, i płakał. Po kremacji dziecka, schował prochy w torbie i nosił je ze sobą dzień i noc.

Ale jego syn nie spłonął. Porwali go bandyci. Pewnego dnia chłopiec uciekł i wrócił do domu ojca. Syn wrócił o północy i zapukał do drzwi. „Kim jesteś?" - zapytał ojciec. „Twoim synem".

„Kłamiesz. Mój syn umarł ponad trzy miesiące temu".

Ojciec trwał w swej niewierze i nie chciał otworzyć. Po chwili syn odszedł i ojciec stracił go na zawsze.

Tak często nie potrafimy żyć chwilą obecną, nie potrafimy przyjąć prawdy, która właśnie puka do naszych drzwi. Niektórzy żyją przeszłością: „Gdybym tylko to powiedział...; Gdybym tylko to zrobił...".

Ale nie możemy zmienić wczorajszego dnia. Nie mamy nad tym kontroli. Nie możemy zawrócić wypowiedzianego słowa lub zmienić tego, co uczyniliśmy. Przeszłość przeminęła. Wczorajszy dzień nie ma mocy, jeśli się do niego nie przywiążemy. Tak samo dzień jutrzejszy ma władzę nad nami tylko wtedy, jeśli się nim przejmujemy. Z jutrem możemy wiązać nadzieje, ale nie możemy być go pewni.

Tym, co mamy, jest chwila obecna. To ona zawiera wszystko, czego potrzebujemy. Daje nam energię i humor, i łaskę potrzebne do przejścia do chwili następnej. Czasem trudno nam zwolnić, aby właściwie przeżywać tę chwilę obecną.

Potrzeba ufności, żeby żyć w teraźniejszości. Musimy wierzyć, że ta chwila zawiera źródło siły. Jeśli czujemy potrzebę ciągłej kontroli, wtedy najprawdopodobniej ciągle żyjemy w przyszłości. Zatem planujemy, organizujemy i rozporządzamy tak, aby działo się to, co chcemy. Ale problem w tym, że rozmijamy się z chwilą obecną.

Życie teraźniejszością otwiera nasze horyzonty na niespodzianki i cuda danej chwili. Ciesz się jednym oddechem w danym momencie. Naprawdę zobacz cud stworzenia. Niech cię wzruszy serdeczny uśmiech przyjaciela. Delektuj się tą chwilą, potem następną i następną. Każdą po kolei, każdą z osobna. Jak mówi chińskie przysłowie: „Trawa nie rośnie dlatego, że ktoś ją ciągnie. Rośnie jak chce, chwila po chwili".

W musicalu *The Music Man,* wystawianym na Brodwayu, pragnący zwrócić na siebie uwagę sprzedawca profesor Harold Hill próbuje umówić się z bibliotekarką Marian. Prosi kobietę, żeby spotkała się z nim przy mostku nad strumykiem w miejskim parku. Marian chce przyjść, ale boi się, więc odmawia, mówiąc: „Może kiedy indziej. Może jutro".

Hill jednak się nie poddaje i nadal ją zachęca, ale ona ciągle znajduje wymówki, żeby opóźnić randkę. Zdenerwowany wypowiada te fenomenalne słowa, które naprawdę warto zapamiętać: „Zgromadź tyle dni jutrzejszych, żeby zobaczyć, że nie nazbierałaś nic więcej, poza mnóstwem pustych dni wczorajszych".

Musimy żyć w teraźniejszości. Chwytaj chwilę obecną i wybieraj życie w niej. Zauważaj wszystko i wszystkich dookoła siebie. Bądź miły dla tych, którzy są w pobliżu. Gdyby to była nasza ostatnia minuta na ziemi, to chcielibyśmy ją spędzić, złoszcząc się z powodu korków czy radując się pięknem, które mamy przed sobą? Pomyśl tylko o ludziach na pokładzie Titanica, którzy nie skorzystali z deseru!

Śmiech jest sposobem bycia obecnym w danej chwili. Śmiech redukuje stres i uczy nas radzenia sobie w trudnych momentach. Śmiech tworzy więź i pomaga nam postępować twórczo. Śmiech jest błogosławieństwem i dotyka duszy każdej osoby. Nie pozwala wybiegać w przyszłość ani nie zatrzymuje nas w przeszłości.

Życie w teraźniejszości i doświadczanie chwili obecnej jest darem dla nas samych. Jest taka wspaniała historia o japońskim generale aresztowanym przez wroga i wtrąconym do więzienia. Wiedział, że następnego dnia będzie torturowany. Całą noc przewracał się z boku na bok i kręcił po celi, nie mogąc zasnąć. Wtedy uderzyła go myśl: „Kiedy mam być torturowany? Jutro? Ale jutro nie jest rzeczywistością - oto czego mnie uczył mój mistrz zen". W chwili gdy to sobie uświadomił, uspokoił się i zasnął. Zdał sobie sprawę, że jedyną rzeczą jest teraz. Chociaż był w więzieniu, był wolnym człowiekiem.

Wrogowie wolności nie są poza nami, lecz w nas. Jak zauważył Ralph Waldo Emerson: „To, co za nami, i to, co przed nami, to drobnostki w porównaniu z tym, co w nas". Chwilę obecną można przyjąć i się nią delektować. To jest rzeczywistość.

NIC NIE JEST WARTE WIĘCEJ NIŻ
DZIEŃ DZISIEJSZY.
Goethe

Bądź obecny, tam gdzie jesteś

- Przerwij w tej chwili wszystkie swoje zajęcia. Po prostu usiądź spokojnie. Poświęć czas, by przyjrzeć się temu, co dzieje się wokół ciebie. Co widzisz? Co słyszysz? Co czujesz? Być czujnym i świadomym chwili pomaga ci być świadomym tego, co robisz. Przeżywasz tę jedną cenną chwilę, która trwa.
- Weź głęboki oddech. Teraz powoli zrób wydech. Powtórz to pięciokrotnie. Poczuj, jak relaksuje się twoje ciało. Poczuj chwilę obecną.
- Pozwól odejść przeszłości. Nie pozbawiaj się sił, trzymając się wczorajszego dnia, który nie ma mocy. Liczy się to, co jest teraz. Ta właśnie minuta. Ta właśnie sekunda. Jeśli pozwolenie na odejście stanowi problem, oto ćwiczenie, które może pomóc: usiądź spokojnie z zamkniętymi oczyma. Połóż dłonie na kolanach. Zaproś wszystkie smutki i troski związane z przeszłością, aby napłynęły do twego umysłu. Kiedy każde zmartwienie zaczyna łapać cię w swoje kleszcze, pozbądź się go. Wyobraź sobie, że wypuszczasz je z dłoni w bezmierną przestrzeń albo w ręce Boga. Pozwól odejść każdemu źródłu zmartwienia i troski. Pozwól im odejść, oddaj je. Potem gdy wypuściłeś je wszystkie, obróć dłonie do góry. Zaproś teraźniejszość. Zaproś do swego życia dar teraźniejszości. Po prostu bądź świadomy chwili obecnej. Kiedy się wyciszyłeś i zrelaksowałeś, podziękuj za dar chwili obecnej.
- Znajdź wolną chwilę dla przyjaciela. Jeśli nie możesz znaleźć czasu na obiad, to zadzwoń. Wyślij jakiś żart pocztą elektroniczną albo tradycyjną. Ten prosty podarunek da ci więcej niż temu, kto go otrzyma.
- Idź na spacer wokół bloku albo do parku. Po drodze uważnie przyglądaj się temu, co jest wokół ciebie. Po prostu patrz, słuchaj, czuj i wąchaj. Celebruj wrażenia. Jeśli zaczniesz o czymś myśleć - o swoim kolejnym planie, zmartwieniu,

jakiejś decyzji - delikatnie przekieruj swoje myśli z powrotem na to, co przed tobą. Jeżeli to nie pomaga, po prostu powiedz sobie: „teraz spaceruję" albo „patrzę, jak chmury płyną po niebie". Przyjmij chwilę obecną.

CHODZĄC, JEDZĄC I PODRÓŻUJĄC, BĄDŹ TAM, GDZIE JESTEŚ. INACZEJ ROZMINIESZ SIĘ Z WŁASNYM ŻYCIEM.
Siddhartha Gautama

Rose Ann

Od dawna jesteśmy z Rose Ann przyjaciółkami. Widziałam, jak dorastały jej dzieci, i wyciągałam je z niejednych tarapatów, o których ona nigdy się nie dowie. Co roku spędzałam z tą rodziną pierwszy wakacyjny tydzień sierpnia. Od lat jest moją przyjaciółką w najprawdziwszym sensie tego słowa. Śmiałyśmy się razem, płakałyśmy razem, razem rezygnowałyśmy ze słodyczy na Wielki Post, przerabiałyśmy wspólnie diety - no wiesz, wszystkie sprawy, które prawdziwie wiążą dwójkę ludzi.

Około półtora roku temu Rose Ann dowiedziała się, że jest chora na ALS (częściej nazywana chorobą Lou Gehriga). Teraz mieszka około cztery i pół godziny jazdy stąd, a ja próbuję ją odwiedzać tak często, jak to możliwe. Kiedyś, jadąc do jej domu, zauważyłam, że przygotowuję się na to, z kim się zobaczę. Podczas rozmów telefonicznych nietrudno było się zorientować, że mówienie sprawia jej coraz większą trudność. Nie mogła chodzić i korzystała z elektrycznego wózka inwalidzkiego, czerwonego jak wóz strażacki. W czasie jednej z rozmów powiedziała: „Jeśli odchodzę, to w dobrym stylu". Rose Ann ma też tresowanego psa, który nazywa się Bear i jest jej przewodnikiem i obrońcą.

Nie chciałam zmieniać wyrazu twarzy, kiedy wejdę do jej domu. Wobec przyjaciół nie jest to łatwe. Znała mnie dobrze i wiedziała, że moje uczucia odbijają się na twarzy i w moich oczach. Po prostu chciałam ją chronić, a może chciałam chronić siebie. W końcu była moją przyjaciółką.

Kiedyś weszłam do jej domu, gdzie ona niecierpliwie wyczekiwała moich odwiedzin. Spojrzała na mnie i powiedziała: „Nie całuj mnie. Mam biegunkę i nie chcę żebyś się zaraziła". Spontanicznie odpowiedziałam: „O, więc to tak się nią można zarazić. Zawsze mnie to interesowało". Wszyscy w pokoju parsknęli śmiechem. Dzięki Bogu.

Moje zmartwienie z powodu tego, jak się zachowam, rozpłynęło się w szczęściu chwili obecnej.

RZECZYWIŚCIE JEST W WIECZNOŚCI
COŚ PRAWDZIWEGO I WZNIOSŁEGO.
LECZ WSZYSTKIE TE CHWILE I MIEJSCA,
I SZANSE SĄ TU
I TERAZ. CHWILA OBECNA PEŁNA JEST BOGA
I NIGDY
Z UPŁYWEM WIEKÓW
NIE BĘDZIE BARDZIEJ BOSKI.

Henry David Thoreau

Gwiazdy na podjeździe

Przyjaciółka opowiedziała mi historię o cieszeniu się chwilą obecną:

Wczoraj wieczorem telefon od Jo sprawił mi niespodziankę. Tygodniami nie dzwoniła do mnie ani nie odpowiadała na wiadomości, które zostawiałam jej w poczcie głosowej. Niewątpliwie coś się działo. „Joyce" - szlochała - „muszę z tobą porozmawiać. Wiem, że się odsunęłam, ale teraz naprawdę potrzebuję twojej pomocy. Możesz do mnie przyjść?".

„Dobrze. Zrób herbatę. Wygląda na to, że będzie nam potrzebna".

Podczas studiów byłyśmy z Jo współlokatorkami i szybko się zaprzyjaźniłyśmy. Byłyśmy druhnami na swoich ślubach, miałyśmy dzieci w podobnym wieku i - kiedy jeszcze była mężatką - nasze rodziny wspólnie spędzały czas. Osiemnaście miesięcy temu Aaron, mąż Jo, oświadczył, że chce się rozwieść. Bez jej wiedzy podjął pracę w stanie Minnesota. Planował przeprowadzić się w ciągu trzech tygodni. „Teraz nadeszła moja życiowa szansa. Ty miałaś swoją" - zakończył.

Jo i Aaron coraz częściej się kłócili, ale to oświadczenie zachwiało jej równowagę. Wiedziała, że Aarona raziła jej większa pensja, jej grono przyjaciół, a także - choć rzadko o tym mówiła - jej profesjonalizm. Jo uwielbiała pielęgniarstwo. Nie znosiła papierkowej roboty i rosnącej biurokracji, ale nauczyła się z nią radzić. W ciągu kilku lat skończyła szkolenie i została dyplomowaną pielęgniarką. Jej pacjenci za nią przepadali, a klinika podnosiła jej zarobki. Do przewodniczenia zbiórkom funduszy czy do wygłaszania przemówień często zapraszały ją różne organizacje. Kiedy musiała pracować wieczorami, Aaron zadeklarował, że będzie zostawał w domu z dwojgiem ich dzieci, lecz z czasem coraz częściej miał o to do niej pretensje, a z jego ust padały gorzkie oskarżenia. Ostatecznie zwykłe rozdrażnienie urosło do wielkiego problemu. Teraz go nie było.

Kiedy wjeżdżałam na podjazd Jo, widziałam, że w kuchni paliło się światło. Nie musiałam pukać. Jo otworzyła drzwi na oścież i szlochając, rzuciła mi się w ramiona.

„Joyce, jestem przegrana. O Boże, Aaron to świnia. Nie mogę tak żyć. Dziś wieczorem o mało nie uderzyłam Timmy'ego".

Powiedziałam, żeby usiadła i nalałam nam herbaty. „Lepiej zacznij od początku. Ja będę decydować o tempie".

„Joyce, jest gorzej. Jestem na krawędzi. Zabrałam dziś wieczorem dzieci z przedszkola, późno, jak zwykle. Marudziły z tego powodu. To już piąty dzień z rzędu, ale w klinice też nie ma wytchnienia". Jo przyjechała do domu z ciągle narzekającymi i awanturującymi się ze sobą dziećmi. Była wykończona nerwowo. Ich kocica, Sophie, wyciągnęła się na lodówce, ziewnęła, ignorując cały bałagan, jaki narobiła. W jakiś sposób, przechodząc między szafkami i urządzeniami kuchennymi, strąciła z kredensu słoik na ciastka, który rozbił się w drobny mak. Między odłamkami szkła z karafki, którą Sophie strąciła z półeczki nad piekarnikiem, leżał rozsypany makaron muszelki.

„Chwyciłam Sophie z lodówki. Przestraszyła się i okropnie mnie podrapała. Jeszcze bardziej się rozzłościłam i wyrzuciłam ją tylnymi drzwiami. Potem Timmy się darł, że skrzywdziłam Sophie, i zaczął płakać. Miałam dać mu klapsa, ale się powstrzymałam. Potem dołączyła się Pam. Krzyknęłam na nich, żeby poszli do swoich pokoi, przebrali się, przygotowali do kolacji i przestali biadolić. Żadne z nich nie zjadło dużo. Kiedy powiedziałam, żeby poszły do łóżka, przynajmniej raz się nie sprzeczały. Potem weszłam do pokoju, żeby im poczytać - święty obyczaj - udawali, że śpią".

„Joyce, przyszłam do kuchni, jak tylko zasnęli, i rozpłakałam się. Zapomniałam też o biednej Sophie, która uporczywie drapała drzwi. Kiedy jej otworzyłam, pobiegła do dużego pokoju, zamiast się do mnie łasić. Wtedy właśnie do ciebie zadzwoniłam".

Jo znowu zaczęła płakać. „Co ja zrobię?".

Rozmawiałyśmy do późna w nocy. Jo tego potrzebowała. To na niej wszyscy tak długo polegali, że zapomniała jak sama ma prosić o pomoc. Kiedy miałam odjechać, uściskałyśmy się serdecznie. Odprowadzając mnie do samochodu, właśnie gdy wsiadałam, zatrzymała mnie. Patrząc na gwieździste niebo, powiedziała: „Joyce, popatrz, Wielki Wóz. Dawno go nie widziałam.

Ale przecież" - przerwała - „wielu rzeczy nie widziałam odkąd Aaron odszedł. Może będzie lepiej, jeśli zacznę znowu dostrzegać dobro". Mam nadzieję, droga Jo, pomyślałam, opuszczając podjazd.

Teraz Jo i ja jesteśmy sobie bliższe niż przedtem. Zrezygnowała z pracy w kilku komisjach i kościelnego chóru. Zamiast nieprzytomnych rozmów telefonicznych, dostaję wiadomości, takie jak ta w ostatnią sobotę: „Joycie, weź swoje dzieciaki do samochodu. Jedźmy do parku stanowego Wildcat Mountain popatrzeć na barwy jesieni. Widziałaś, że jarzębina prawie już nie ma liści, a srebrne klony zmieniają kolor?". I pojechaliśmy.

Kiedy dzieciaki biegały po lesie, siedziałyśmy z Jo na tarasie widokowym. Zapytałam: „Jak się czujesz?".

Uśmiechając się, Jo objęła mnie. „Dobrze. Naprawdę. Dziękuję ci Joycie. Uratowałaś mnie tamtego wieczoru. Gwiazdy też. Wiem, że to brzmi dziwnie, ale wtedy - na podjeździe - uderzyło mnie to, że rozmijałam się z dobrymi rzeczami - małymi rzeczami. Tak mnie ogarnęła złość na Aarona, szaleńcze tempo w pracy i to niezmierne poczucie obowiązku za dzieci, że nie zwracałam uwagi na nikogo i na nic, co było przede mną. Jak odjechałaś, poszłam do pokoju dzieci. Były tak kochane, tak pięknie spały. Zaparło mi dech w piersiach. Przysięgłam sobie, że muszę się rozstać z Aaronem i zacząć żyć już od tej chwili. Życie jest zbyt krótkie, żeby pozwolić na to, by się wymykało. A teraz chodźmy, nastawmy grill i pomóżmy dzieciom piec kiełbaski".

JEŚLI BĘDZIESZ UWAŻNY,
POSIĄDZIESZ MĄDROŚĆ.
Księga Koheleta

SPOSÓB PIĄTY:

unikaj mącicieli

W KAŻDYM LUDZKIM SERCU JEST
TYGRYS, ŚWINIA, OSIOŁ
I SŁOWIK. RÓŻNORODNOŚĆ CHARAKTERÓW
WIĄŻE SIĘ Z ICH ZRÓŻNICOWANĄ
AKTYWNOŚCIĄ.

Ambrose Bierce

Niektórzy ludzie po prostu wiedzą, jak nas wyprowadzić z równowagi, jak podnieść nam ciśnienie, spowodować, że czujemy się sfrustrowani. Wysysają naszą energię, a sam dźwięk ich imion rodzi lęk. Ci ludzie zawsze wszystko przekręcają, robią wszystko, aby zwalić na nas winę. Są wręcz mistrzami w obwinianiu. Nieustannie spóźniają się na zebrania i spotkania, a zawsze są bardziej zajęci i ważniejsi niż ktokolwiek inny. Wyciągają z innych informację, ponieważ uważają, że to potężne narzędzie. Są ludźmi, którzy dają ci prezent i oczekują, że natychmiast go wykorzystasz - tak, jak oni by to zrobili. Proponują ci spotkanie, a potem je odwołują, bo zapomnieli zapisać datę w kalendarzu albo pojawiła się ciekawsza propozycja. Żywią wobec nas nierealne oczekiwania. Żyjąc według jidyszowego przysłowia: „Śpij szybciej... Potrzebujemy poduszek!".

Już sam dźwięk imienia jednego z takich mącicieli - a takich ludzi znamy wszyscy - wywołuje u nas stres. W ich towarzystwie można się poczuć przygnębionym. Powodują, że nasze ciało się napręża, mięśnie napinają. Obawiamy się ich pojawienia czy choćby dźwięku ich głosu po drugiej stronie słuchawki.

Toksyczni ludzie wysysają naszą energię. Takich mącicieli można czasem zaliczyć do pesymistów, marud, niewdzięczników i manipulatorów. Najczęściej są negatywnie nastawieni. Myślą, że to dzięki nim świat się kręci.

Często są ludźmi z charyzmą, mają dar przekonywania. Oczekują specjalnego traktowania, nie uznają żadnych granic. Jeśli nie jesteśmy ostrożni, mogą zacząć kontrolować całe nasze życie.

Ale ci ludzie mają nad nami moc, tylko jeżeli im jej udzielimy. Dla własnego dobra lepiej nie spędzać wiele czasu z mącicielami, nie przejmować się nimi, żeby nie przejąć ich negatywnego nastawienia. Nie mamy powodu przebywać w takim chaosie, być ciągle na „nie".

Z drugiej strony spotykamy w życiu wspaniałych ludzi, którzy pozostawiają ślad w naszych sercach i duszach. Jednym z nich jest Eddie Pu, strażnik parku na Hawajach. Mądry człowiek, który potrafi stworzyć więź między ludźmi, w którego towarzystwie wszyscy chcą przebywać. Eddie zawsze się uśmiecha. Zapytałam go kiedyś, co wywołuje ten uśmiech. Wyglądał na zakłopotanego i powiedział: „Nawet nie wiedziałem, że to robię. Kiedy wieje wiatr, poruszają się liście - uśmiechają się. Kiedy rzucisz kamień do sadzawki i pojawią się fale - woda się uśmiecha. To jest energia. To nazywam moją energią". Dla nas jest to energia życiodajna.

Po spotkaniu z dającymi życie - takimi jak Eddie Pu - nigdy nie jesteśmy już tacy jak przedtem. Ci pozytywni, zdrowi i święci ludzie dają innym energię. Zachęcają nas do dalszej drogi. Chwalą i afirmują nasze wysiłki i sukcesy. Pomagają nam wierzyć w siebie i poznawać, kim tak naprawdę jest Bóg. Nigdy nie możemy prawdziwie poznać Boga, dopóki nie ujrzymy Jego odbicia w oczach innego człowieka. Potrzebujemy, aby naszych serc dotknęli ludzie, którzy wierzą w siebie i w każdej chwili żyją pełnią życia.

Nikogo innego nie możemy zmienić. Nie mamy kontroli nad sposobem zachowania innych ludzi. Ludzie postępują tak, jak chcą, a nie tak, jak my chcemy. Możemy zmienić jedynie samych siebie. Celem tego rozdziału jest przypomnienie ci, abyś rozpoznawał i unikał mącicieli, a wybierał ludzi dających życie, jeżeli pragniesz życia mniej stresującego i bardziej harmonijnego.

ZMARTWIENIE JEST JAK CIŚNIENIE KRWI:
MUSI MIEĆ JAKIŚ POZIOM, ABYŚ
ŻYŁ. JEDNAK ZBYT DUŻE MOŻE CIĘ ZABIĆ.
Edward M. Hallowell

Unikaj mącicieli

- Wypisz imiona dziesięciu przyjaciół, zarówno starych, jak i nowych. Nie musisz ich hierarchizować (tj. zacząć od „najlepszego").
- Napisz „R" obok każdej osoby z twojej rodziny.
- Napisz „S" (stary przyjaciel) obok każdej osoby, która jest twoim przyjacielem od co najmniej pięciu lat.
- Napisz „N" obok każdej osoby, która jest nowym przyjacielem (od pięciu lat lub mniej).
- Pomyśl o decyzjach, które podejmujesz. Jaki wkład w ten proces ma każda z tych osób? Przypisz każdej z nich, ale także i sobie, określony procent. Suma musi wynosić 100% dla każdej decyzji.
- Zapisałeś kogoś, bo myślałeś, że tak *trzeba*? Jeżeli tak, to wykreśl tę osobę ze swojej listy.
- Czy ktoś na twojej liście jest mącicielem? Jeśli tak, napisz, jak ta osoba wpłynęła na twoje życie negatywnie (i pozytywnie).

- Jeśli nasza relacja z taką toksyczną osobą trwa zbyt długo, to jej zerwanie może wymagać pewnej pracy - do uwolnienia trzeba się przygotować. Jednym ze sposobów jest napisanie wymyślonego dialogu z tą osobą - można go wykorzystać do wewnętrznego odgrywania roli, w której mówimy takiej osobie „nie" i próbujemy określić pewne granice waszej relacji. Spisywanie takich dialogów z czasem może się stać świetną metodą do wczuwania się w rolę kogoś, z kim jesteśmy w konflikcie lub kogo kochamy.
Proces: usiądź spokojnie i rozluźnij się. Przez chwilę głęboko oddychaj. Zapisz imię „mąciciela", z którym chcesz porozmawiać. Potem po prostu pomyśl o tej osobie: jak wygląda i jak się z nim lub z nią czujesz. Następnie - po chwili ciszy - napisz dialog, jaki chciałbyś przeprowadzić z tą osobą. Zapisz pytanie, które chcesz zadać, albo oświadczenie, które chciałbyś wygłosić. Potem napisz spodziewaną odpowiedź tej osoby. Rozmowę z taką toksyczną osobą dobrze jest rozpocząć od określenia granicy, którą chcesz ustanowić. Pisz, co ci przyjdzie do głowy. Pisz, dopóki nie poczujesz, że wypowiedziałeś wszystko, co chciałeś. Potem zapytaj siebie, czy potrzebujesz podjąć jakieś działanie w odniesieniu do tej relacji.
- Jeśli pracujesz z kimś, kto często cię denerwuje, powiedz sobie, że ta osoba stara się, jak może. Jeśli zmienimy swój sposób myślenia, zmienimy swoje uczucia. Pamiętaj, że tylko dlatego, że musisz pracować z „mącicielem", nie musisz go „zabierać" ze sobą do domu. Frustracje, jakie wywołuje u ciebie ta osoba, pozostaw w pracy.
- Spędzaj czas z ludźmi, na których ci zależy. Często jesteśmy tak zajęci, że nie pozwalamy sobie na radość przebywania z tymi, których kochamy.

WIEDZIEĆ, CO LUBISZ -
ZAMIAST POKORNIE MÓWIĆ
„AMEN" NA TO,
CO MÓWI ŚWIAT, ŻE LUBIĆ POWINIENEŚ -
TO ZACHOWAĆ SWĄ DUSZĘ PRZY ŻYCIU.

Robert Louis Stevenson

Pojednanie

Mam przyjaciółkę, z którą znamy się już z czasów przedszkola. Z upływem lat nasza znajomość się rozwinęła, a przyjaciółka wywierała potężny wpływ na moje życie. Z czasem traktowałam ją jak członka rodziny. W moim rodzinnym domu spędzała święta i prawie wszystkie wakacje.

W ciągu trzydziestu ośmiu lat nasza przyjaźń rozkwitła. Potem, niemal w jednej chwili, wszystko się skończyło. Stałyśmy się sobie obce. Przyjaciółka nie miała już dla mnie czasu, a kiedy dzwoniłam do niej, odpowiadała pospiesznie i lakonicznie. Nie chciała już wspólnie spędzać wakacji, wyjść na obiad czy zrobić cokolwiek, co stanowiło część naszych zwykłych zajęć.

Byłam bezsilna i zagubiona. Jak mogłam się dowiedzieć, co było nie tak, skoro nawet nie odpowiadała na moje telefony? Zawiodły wszelkie próby uzyskania odpowiedzi. Odizolowała się ode mnie i poznała nową przyjaciółkę. Dla mnie nie było już miejsca.

Tracąc przyjaciółkę, czułam się tak jak prawdopodobnie czuje się osoba, która przeżywa rozwód. W sytuacji, w jakiej się znalazłam, trudno mi było dostrzec światło na końcu tunelu. Myśli i niepokój związany z zerwaniem ciągle krążyły mi po głowie. Usunięcie bólu wydawało się niemożliwe. Moja dawna przyjaciółka stała się „mącicielem" w mojej głowie.

Uzdrowienie wymagało czasu. Nie mogłam zmienić tego, jak potraktowało mnie życie, ale mogłam określić sposób, w jaki tę grę rozegrać. Stara maksyma, że ból nas wzmacnia, miała dla mnie znaczenie. Przypominałam sobie, że niczego nie dostajemy za darmo. „Dla dobra kwiatów", jak uczy żydowskie powiedzenie, „podlewamy także ciernie". Ta trauma spowodowała, że przez długi okres czułam jedynie cierpienie. Rozminęłam się z łaską chwili obecnej. Patrzyłam wstecz, żeby widzieć to, co było, albo naprzód, żeby zobaczyć, co mogło się wydarzyć.

Miałam innych przyjaciół. Pomogli mi, ale wciąż musiałam znosić ból i cierpienie. Każdy z nas przeżywa jedyny w swoim rodzaju ból. Wtedy, miejmy nadzieję, możemy wzrastać dzięki niemu i być od niego wolni. Katharine Hepburn zauważyła kiedyś: „Idąc przez życie, człowiek się uczy, że jeśli nie wiosłuje, to jego łódka nie płynie". Cena tego wiosłowania nie była lekka. Wymagało to uwierzenia w siebie i wykorzystania swoich darów i sił. Wymagało elastyczności, żeby dostrzec w sobie to, czego wcześniej nie widziałam, darów, które miałam, a z których posiadania nie zdawałam sobie sprawy. Przypomniało mi się stare powiedzenie: „Jeśli skorzystasz z tego, co masz w sobie, to co, masz w sobie, uratuje cię".

Ta przyjaciółka nie odzywała się do mnie piętnaście lat. Nauczyłam się, że czas leczy rany. Musiałam się z tym pogodzić i otworzyć się na nowe relacje. Poradziłam sobie z tym przeżyciem całkiem nieźle.

Często zastanawiałam się nad zasadą dotyczącą radzenia sobie ze stresem: „Nie trać czasu, próbując oswoić wściekłego psa". Jeżeli ktoś decyduje się na to, by nie być obecnym w moim życiu albo nie chce odpowiadać w sposób, w jaki bym chciała, to lepiej się odwrócić i znaleźć bardziej pozytywnych ludzi. Chociaż nadal zależało mi na mojej przyjaciółce, to zdałam sobie sprawę, że koniec naszej znajomości nie oznaczał, że mam być z tego powodu nieszczęśliwa albo że muszę już zawsze cierpieć. Stare rosyjskie przysłowie przypomina: „Jeśli mieszkasz koło cmentarza, to nie możesz płakać nad każdym, kto umiera".

Ta historia ma zakończenie. Zaprosiłam parę osób na obiad i poszłam do sklepu, aby kupić coś do jedzenia. W sklepach spożywczych zawsze mam jakieś dziwne „przygody". Zdawałoby się, że zawsze staję nie w tej kolejce, co trzeba - albo ktoś musi jeszcze raz sprawdzić cenę, albo nie wystarczyło mu pieniędzy i musi się zdecydować, których rzeczy tak naprawdę nie chce.

Tym razem kasjer ogłosił, że osoba stojąca przede mną jest ostatnią, którą obsłuży. Podziękowałam - jak zwykle - i popchnęłam swój wózek do innej kolejki. Nie patrząc, dokąd idę, najechałam na czyjś wózek. Spojrzałam i zobaczyłam moją dawną przyjaciółkę.

Uśmiechnęłam się. „Cześć. Jak się masz?".

„Dobrze. A ty?".

Zaszokowana, spojrzałam wokoło i powiedziałam: „Mówisz do mnie?". Tak zaczęła się dwudziestominutowa rozmowa.

Zawsze będę wdzięczna za te dwadzieścia minut, podczas których padło wiele uzdrawiających słów. Zapytałam, dlaczego tym razem się odezwała. W końcu przez piętnaście lat nie odpowiadała, kiedy do niej dzwoniłam albo pozdrawiałam, kiedy mijałyśmy się na ulicy. Powiedziała, że kiedy na nią spojrzałam, uśmiechnęłam się.

Jadąc ze sklepu do domu, nie mogłam nie uśmiechnąć się ponownie, podziwiając moc kontaktu wzrokowego i uśmiechu! Uśmiechy są błogosławieństwem, którym nawzajem się obdarzamy. To sposoby przekazywania sobie błogosławieństw i wzajemnego pocieszenia. A jednocześnie to pomoc dla tego, kto się uśmiecha!

Od tamtego spotkania parę razy wybrałyśmy się razem na lunch. Zaczęło się uzdrawianie. Oczywiście to już nie jest dawna przyjaźń. Kiedy mnie ktoś raz zrani, to potem - przy ponownym nawiązaniu kontaktu - jestem ostrożna i nieufna. Ale przynajmniej możemy rozmawiać. I kilka razy wspólnie się śmiałyśmy. Tworzymy nowe wspomnienia. Phyllis Diller z pewnością miała rację, mówiąc: „Uśmiech to zakręt, który wszystko prostuje".

SMUTNA DUSZA MOŻE ZABIĆ CIĘ SZYBCIEJ,
O WIELE SZYBCIEJ OD BAKTERII.
John Steinbeck

Żegnaj Mary

Spędziłam w życiu mnóstwo czasu na próbach znalezienia sposobu na zachowanie równowagi, kiedy świat wokół mnie wirował, zwłaszcza gdy byłam z ludźmi, których nastrój mi się udzielał. Zostałam wychowana, że powinnam dogadywać się z każdym, a jeśli kogoś nie lubię (albo jeśli nawet lubię, ale mnie denerwuje), to i tak powinnam być dla nich wyrozumiała i opanowana.

Spotkałam w życiu mnóstwo ludzi, którzy pozbawiają mnie energii. Ludzie gadający bez końca albo nieumiejący usiedzieć na miejscu mogą stanowić wyzwanie dla takiej cichej introwertyczki. Tak samo wiele energii tracę, przebywając wśród ludzi, którzy są negatywnie nastawieni, plotkują albo wymagają, by poświęcano im całą uwagę.

Wiele lat temu poznałam dziewczynę, która wydawała mi się idealną kandydatką na moją przyjaciółkę. Rok przed tym, jak się spotkałyśmy, Mary przeprowadziła się z okolic Waszyngtonu. Była inteligentna, oczytana i interesowała się wieloma rzeczami, które również mnie pasjonowały. Wiele rzeczy robiłyśmy wspólnie. Chodziłyśmy na dni skupienia, rozmawiałyśmy o książkach, wspólnie narzekałyśmy, że musiałyśmy się przeprowadzić z metropolii do małego miasteczka. Mary polecała mi książki poświęcone duchowości, których wcześniej nie czytałam. Cieszyłam się, że mam taką przyjaciółkę, która, jak myślałam, podzielała wiele z moich zainteresowań i hołdowała tym samym wartościom. Jednak po jakimś czasie zaczęłam się w tej relacji czuć nieswojo. Nie miałam siły, aby podjąć jakiekolwiek działania, a mój mąż od czasu do czasu pytał, dlaczego wciąż spotykam się z Mary, skoro wiąże się to z coraz większym stresem.

Mary była z wykształcenia nauczycielką, ale pracowała jako urzędniczka w małej firmie doradczej, specjalizującej się w zarządzaniu zasobami ludzkimi. Byli bardzo skuteczni. Zdecydowała się na tę pracę, ponieważ po przeprowadzce nie mogła znaleźć posady nauczycielki. Z czasem zaczęła coraz bardziej narzekać na współpracowników z biura. Szczególnie antypatię czuła do właścicielki. Wyszukiwanie wad u innych stało się jej obsesją.

Kiedy byłyśmy razem - bez względu na to, co robiłyśmy - Mary zawsze wyrażała jakieś negatywne komentarze na temat swojej szefowej. Jej spostrzeżenia były gorzkie, sarkastyczne, a czasem nawet złośliwe. Wiele razy dzwoniła do mnie o dziwnych godzinach, kiedyś zadzwoniła o 6 rano.

„Wiem, że ty i twój mąż wstajecie wcześniej, więc pomyślałam, że mogę zadzwonić. Muszę powiedzieć ci, co się stało wczoraj wieczorem z moją szefową. Jest tak destrukcyjna, że nie wiem, co mam robić". Potem zaczynała jadowitą recytację na temat głupoty swojej szefowej.

Wszelkie sugestie co do rozwiązania sprawy, jakie próbowałam zaproponować, ginęły w jej deklamacji. Nigdy też mój lodowaty ton nie dał jej do myślenia, że telefon o 6 rano jest nie do przyjęcia. Wprost nigdy nie wyrażałam swojego niezadowolenia, ponieważ jako przyjaciółka myślałam, że powinnam być dla niej dostępna o każdej porze. Tymczasem rosnąca liczba jej telefonów tworzyła napięcie między moim mężem a mną.

Wreszcie pewnego dnia cała ta fałszywa lojalność, którą winna byłam, jak mi się zdawało, Mary jako przyjaciółce - może nawet ślepe oddanie - nagle zniknęła. Miałam dość. Pewnego dnia spotkałyśmy się na lunchu ze wspólną przyjaciółką Kathy. Były moje urodziny i oczekiwałam zainteresowania z ich strony. Siedziałyśmy w popularnej restauracji, znanej ze smakowitych dań. Kathy była bardzo opiekuńcza, więc wyczekiwałam na chwilę, kiedy mnie wysłucha i mocno wesprze. Tak się nie stało.

Nie pytając nas, Mary zaprosiła do stolika swoją znajomą, która akurat pojawiła się w lokalu. Nie znałyśmy jej z Kathy i choć wydawała się sympatyczna, nie miałam ochoty na towarzystwo obcych. To był mój lunch urodzinowy i chciałam być sama z Mary i Kathy. Podczas całego spotkania Mary nie przestawała mówić o swoich okropnych szefach. W pewnej chwili zapytałam ją, dlaczego wciąż tam pracuje.

„Nie rozumiesz. Muszę, bo potrzebuję pracy" - zawołała.

Urażona i sfrustrowana siedziałam cicho przez resztę mojego urodzinowego lunchu. Zdałam sobie sprawę, że nie chcę tam być. Byłam spięta i nie chciałam już dłużej słuchać narzekań Mary. Zamiast radosnego wytchnienia od bolesnego nieporządku w moim życiu czułam się znowu usidlona w nieskończonym, obsesyjnym gniewie Mary. Miałam dość.

Kiedy odeszłam, myślałam o tym, co Mary i ja wniosłyśmy do naszej relacji i co otrzymałyśmy przez bycie razem. Uznałam, że przyjaźń z Mary to nie było to, czego chciałam, i że nie musiałam w niej trwać z powodu jakiegoś poczucia lojalności.

Wtedy decyzja, by się więcej z nią nie spotykać, była trudna, ponieważ martwiłam się jeszcze tym, że mogłaby źle o mnie myśleć. Byłam też smutna z powodu zerwania naszej przyjaźni, która - jak sądziłam - miała wielki potencjał. Jednak stres wywoływany tą relacją doprowadził do tego, że zbyt liczyłam się z jej opinią na mój temat. Mogłam wybierać relacje, które były dla mnie umacniające i wartościowe, odrzucając te, które takie nie były. Zbyt wiele szaleństwa wtargnęło do mego życia; nie musiałam godzić się na stres, jaki Mary zawsze wywoływała.

Od tamtej pory byłam naprawdę czujna wobec ludzi, którzy „wysysają" energię. Teraz próbuję słuchać swojego wewnętrznego głosu ostrzegającego mnie, że coś jest nie tak z daną osobą. Oprócz tego nauczyłam się, że relacji z innymi ludźmi nie można rozpatrywać w kategorii wszystko albo nic. Przyjaciele nie muszą być nierozłączni albo nieistniejący. Jestem ostrożna, kiedy zauważam ludzi nieszanujących mojego czasu albo gdy w relacji nie ma wzajemności. Gdy poznaję kogoś nieustannie przeżywającego kryzys, to po początkowych próbach pomocy, zmierzam do zerwania znajomości.

Czasem moi przyjaciele trochę mnie męczą, ale jestem pewna, że ja ich także. Niektórzy są ekstrawertykami z tendencją do gadulstwa, kiedy są zdenerwowani albo w ich życiu dużo się dzieje. Nauczyłam się nie tracić gruntu pod nogami, kiedy jestem z nimi, i dawać im do zrozumienia, kiedy potrzebuję odpoczynku. W dalszym ciągu zdarza mi się, że zbyt się zaangażuję w przyjaźń, ale zwykle potrafię później wrócić do równowagi.

Jakiś czas zajęło mi rozpoznawanie osób toksycznych. Zawsze myślałam, że nie umiem sobie z nimi radzić. Moje doświadczenie z Mary pomogło mi jednak zrozumieć, że są ludzie, których po prostu nie muszę się trzymać.

Rosalie Hooper-Thomas

PATRZYSZ W TWARZ
OSOBIE ODPOWIEDZIALNEJ
DZISIAJ ZA TWOJE SZCZĘŚCIE.

John Powell

SPOSÓB SZÓSTY:

wyjdź ku bratnim duszom

KAŻDE ŹDŹBŁO TRAWY MA SWOJEGO ANIOŁA, KTÓRY POCHYLA SIĘ NAD NIM I SZEPCZE: „ROŚNIJ, ROŚNIJ".

Talmud

Więzi społeczne są tak istotne, że niektórzy naukowcy dostrzegają związek pomiędzy dobrym zdrowiem a posiadaniem grona pełnych wsparcia przyjaciół i rodziny. Pozytywne relacje mogą redukować stres. Możliwość zwrócenia się do kogoś o radę lub podzielenia przeżyciami może wywierać głęboki wpływ na nasze zdrowie psychiczne i fizyczne. Wszyscy potrzebujemy ludzi, którzy są pozytywni i ubogacają nas. Ludzi, którzy nas lubią. Ludzi, którym na nas zależy. Jak mówi celtyckie przysłowie: „Żyjemy w cieniu innych ludzi". Aby zachować równowagę, wszyscy potrzebujemy relacji z rodziną, przyjaciółmi i ważnymi dla nas osobami.

Na zredukowanie poziomu stresu dobrze wpływa również posiadanie zwierzęcia, które bezwarunkowo nas akceptuje. Rzeczywiście badania wykazały, że ludzie posiadający zwierzęta żyją dłużej. Przynależność do grup towarzyskich - organizacji, kościołów, klubów karcianych, drużyn sportowych - również może redukować stres.

Jeśli nie posiada się właściwego systemu wsparcia, to pomocą może się okazać wizyta u psychologa lub psychiatry. Wszelkie badania wskazują na to, że poradnictwo - nawet jeśli nie łączy się z ćwiczeniami czy jakąś modyfikacją diety - może redukować ryzyko ataków serca. Inne badania sugerują, że utrzymywanie zdrowych relacji może chronić przed depresją i zwiększyć szanse przeżycia ataku serca. Zdrowe relacje z innymi mogą nawet zmniejszyć ryzyko przeziębienia. Krótko mówiąc, towarzystwo jest dobrym lekarstwem, podczas gdy izolowanie się od pełnych życia ludzi może poważnie podwyższyć poziom stresu.

Barbara Fredrickson, psycholog z Uniwersytetu w Michigan, prowadziła badania nad radością. Nikogo nie zdziwiło, że potwierdziły one, iż radość jest zjawiskiem pozytywnym! Fredrickson udowodniła, że stanowi antidotum na stres. Badania wskazały także, że radość może spowolnić tempo pulsu i złagodzić niepokój, który może spowodować uszkodzenie układu sercowo-naczyniowego. Fredrickson twierdzi też, że pozytywne emocje wpływają dobrze na nasz umysł. Trzymając się negatywnych emocji, powodujemy, że nasze myśli koncentrują się wyłącznie na myśleniu o ewentualnych zagrożeniach. Radość pozwala umysłowi wędrować, wymyślać i tworzyć. Być radosnym i zdrowym to mądry sposób na życie.

Przyjaciele sprawiają nam radość, a ona jest wspaniałym sposobem nawiązywania przyjaźni. Wszyscy lubimy przebywać w towarzystwie radosnych, pozytywnych ludzi. Fredrickson utrzymuje, że „radośni ludzie przyciągają innych do siebie". Twierdzi także: „Radość rodzi radość, ponieważ inni ludzie postrzegają cię jako rozsądnego i pasjonującego, a to polepsza ci samopoczucie".

Zatem nawiąż kontakt z pokrewnymi duszami!

WIERNI PRZYJACIELE SĄ MOCNYM
SCHRONIENIEM:
KTO ZNALAZŁ TAKIEGO, SKARB ZNALAZŁ.
WIERNI PRZYJACIELE SĄ LEKARSTWEM RATUJĄCYM ŻYCIE.

Mądrość Syracha

Wyjdź ku bratnim duszom

- Znajdź czas dla ludzi, na których ci zależy. Kiedy ostatnio miałeś długie spotkanie ze swoim najlepszym przyjacielem?
- Zadzwoń do osoby, o której wiesz, że ucieszyłaby się z tego telefonu.
- Napisz liścik osobie samotnej albo komuś, kto sam mieszka.
- Przytul pięć osób. Nawet jeśli będą próbowały cię odepchnąć (nastolatki często tak robią), przytul je mimo to. Będą nosić przytulenie w swoich sercach.
- Podaruj komuś bukiet świeżych kwiatów albo jakieś wyhodowane warzywa ze swego ogrodu. Dar wróci do ciebie stokrotnie.
- Wstąp do jakiegoś klubu albo zapisz się na kurs. Będzie to sposób na spotkanie innych ludzi i nawiązanie kontaktów.
- Zacznij rozmowę z kimś, kogo nie znasz ze swojego kościoła, w sklepie spożywczym albo na lotnisku. Pozdrów obcą osobę, mówiąc jej komplement. Oto, jak uczymy się wychodzić do innych.
- Zaproś do siebie na obiad osobę, której niczego nie zawdzięczasz.

PRZYJAŹŃ JEST CUDEM, DZIĘKI KTÓREMU
KTOŚ GODZI SIĘ PATRZEĆ
Z PEWNEGO DYSTANSU I BEZ
ZBLIŻANIA SIĘ WŁAŚNIE
DO TEJ OSOBY, KTÓRA JEST MU POTRZEBNA
JAK POKARM.

Simone Weil

Mama Heleny

Miałam ostatnio przywilej udzielania porady Helenie, cudownej, inteligentnej i szczęśliwej dziesięciolatce. Była jedynym dzieckiem kochających rodziców. Dyrektor szkoły, do której uczęszczała, wezwał mnie i poprosił, abym się z nią spotkała.

Dziadkowie dziewczynki, z którymi była bardzo związana, zmarli dzień po dniu. Miesiąc później - z powodu pooperacyjnych powikłań po transplantacji nerki - odeszła jej ciocia. Mama Heleny, Joanna, znajdowała się na liście oczekujących na przeszczep serca, podwójny przeszczep płuc i przeszczep nerki. Dyrektor zastanawiał się, ile może znieść dziesięcioletnie dziecko?

Helena wiedziała tylko, że jej matka była chora. Przywykła do jej częstych wyjazdów do szpitali w Bostonie, Pittsburghu i Albany i nie było to dla niej coś niezwykłego. Jej matka co sześć minut musiała przyjmować leki. Helena wiedziała, jak je podawać, i robiła, to jak profesjonalna pielęgniarka. Joanna na wózku inwalidzkim przyprowadziła Helenę na sesję poradniczą. Wózek inwalidzki również nie był dla tej rodziny niczym nadzwyczajnym.

Helena zadzwoniła do mnie w pewien czwartek, mówiąc, że jej matkę zabrano do szpitala. Myślałam, że taki telefon był czymś niezwykłym, skoro Joanna tak często trafiała do szpitala. Spytałam Helenę, czy mogę jej jakoś pomóc. Odpowiedziała: „Chciałam tylko usłyszeć twój głos".

Później tamtego wieczoru udałam się do szpitala, aby sprawdzić, co się dzieje. Skierowano mnie na poczekalnię na trzecim piętrze. Helena mnie spostrzegła, podbiegła i przytuliła się. Była zachwycającą dziesięciolatką.

Poprosiła, żebym poszła z nią do pokoju matki. Kiedy podeszłyśmy do łóżka, wzięła matkę za rękę i powiedziała jej, że jestem. Zapewniłam Joannę, że modlimy się za nią i wzajemnie o siebie troszczymy. Szczególnie dbałyśmy o jej córkę. Joanna skinęła głową.

Po kilku godzinach wyszłam ze szpitala. Przy Joannie było coraz więcej jej krewnych i widziałam, że nawzajem podtrzymują się na duchu. Helena nie rozumiała, dlaczego odchodziłam. Dałam jej mój numer telefonu domowego i powiedziałam, że może dzwonić o każdej porze, kiedy tylko będzie tego potrzebowała. Powiedziałam też, że rankiem wrócę.

Następnego poranka sprawdziłam moją telefoniczną sekretarkę, na której nagrano mi informację, że urządzenia podtrzymujące życie Joanny zostaną odłączone około 11.30. Helena zostawiła wiadomość, prosząc, abym była obecna.

Kiedy wysiadłam z windy, dziewczynka przybiegła do mnie i zaczęła płakać. „Moja mama dziś umrze. Moja mama dziś umrze".

Rodzina zdawała się nie rozumieć reakcji dziewczynki. A przecież ona była tylko dziesięciolatką i choć przywykła, że jej mama ciągle jest w szpitalu, to jednak pamiętała, że zawsze wracała z niego do domu.

Kilka następnych godzin było trudnych dla wszystkich, którzy przychodzili się pożegnać. Piękne nabożeństwo modlitewne, błogosławieństwo Joanny przez członków rodziny pomogło nam przygotować się na jej odejście.

Joanna zmarła pełna pokoju około 12.20, mając przy sobie córkę, męża i dalszą rodzinę. Smutek, stres, żal długo im towarzyszyły, ale mieli zapasy miłości, które miały im pomóc w uzdrowieniu. A ja obiecałam Helenie, że będę przy niej zawsze, kiedy będzie mnie potrzebowała.

COKOLWIEK BYŚ OSIĄGNĄŁ,
KTOŚ CI W TYM POMÓGŁ.

Althea Gibson

Prawdziwy przyjaciel

Jestem zdrowiejącą alkoholiczką. Bez problemu mogę teraz wymówić te słowa - łatwo, niepublicznie - ale kilka lat temu, na początku moich zmagań z nałogiem, nie przechodziły mi przez gardło. Współczujący doradca delikatnie doprowadził mnie do tego, że sama przed sobą przyznałam się do problemu z piciem. Jednak pierwsze dni były ciężkie, bardzo ciężkie. Nie wystarczyło powiedzieć sobie prawdy - potrzebowałam dużo czasu, aby to zaakceptować. Przeszłam leczenie w przychodni, a potem zaczęłam chodzić na spotkania anonimowych alkoholików.

Moje pierwsze spotkanie w klubie AA odbyło się w niedzielę, w ośrodku w centrum miasta. Poszłam na nie za radą terapeuty. Jednak czułam się nie na swoim miejscu, ponieważ na spotkaniu było mnóstwo ludzi, których życie wydawało się naprawdę niemożliwe do uporządkowania. Niektórzy stracili pracę, inni małżeństwa, a niektórzy wolność z powodu kilkakrotnej jazdy po pijanemu. Spora część uczestników było tam z nakazu sądu. Byli tam też ubodzy ludzie z marginesu społecznego, a przynajmniej tak ich postrzegałam.

Widzisz, byłam profesjonalistką z bogatego, zamieszkanego przez białych przedmieścia. Nadal byłam zamężna, nadal pracująca i nigdy policja nie zatrzymała mnie za jazdę po pijanemu. Oczywiście nie znaczy to, że moje małżeństwo było cudowne albo że dobrze sobie radziłam w pracy czy nie jechałam po pijanemu. Ale wszystko mogłam kontrolować. Wszystko było w porządku. Albo tylko tak myślałam.

Tak czy inaczej, na niedzielnym spotkaniu czasem zabierałam głos, mówiąc zwykle o tym, jaka byłam nieszczęśliwa. Nikt tam nie mógł tak naprawdę zrozumieć wszystkich moich problemów. Nikt nie zrozumiałby, jak bardzo cierpiałam. *Ja* miałam szczególny problem. *Ja* miałam wyjątkowo trudne dzieciństwo. *Ja* przeżywałam tak wielki stres. Jednak byłam wciąż zdolna do przetrwania, mimo tego wszystkiego. Tak czy inaczej, nikt tak naprawdę nie mógł tego zrozumieć.

Z czasem zaczęłam wychodzić z tego skupienia na sobie. Na jednym ze spotkań zauważyłam szczupłego, niezbyt wysokiego Amerykanina afrykańskiego pochodzenia. Jego ubrania były stare, a spodnie podtrzymywał - zamiast paska - sznurek. Miał wystrzępiony szary płaszcz sportowy i zawsze szarą fedorę. Kiedy siadał, zdejmował kapelusz i delikatnie, precyzyjnie kładł go na stole. Zauważyłam, że rzadko się odzywał. Powiedział nam, że został wysłany do AA przez sąd. Zauważyłam go, ale wiedziałam, że nie miałam z nim nic wspólnego. Mogło mi być przykro z jego powodu i sytuacji, w jakiej się znalazł, ale w żaden sposób nie przyszło mi na myśl, że mieliśmy coś wspólnego.

Po jakimś czasie ten cichy, drobny mężczyzna zaczął mówić. Mówił o tym, że był samotny i zalękniony, nigdy nie miał poczucia jakiejkolwiek przynależności. Dla niego ból jego samotności i strachu był tak straszny, że jedyną rzeczą, która pomagała mu zapomnieć na chwilę był drink. I to nie jeden. Wiedział, że po piciu czuł się gorzej, lecz nie umiał się powstrzymać. Byłam oszołomiona. Ten mężczyzna ze sznurkiem zamiast paska mówił o takiej samej samotności jak moja, takim samym lęku jak mój i o takim samym cierpieniu jak moje. Skąd to wiedział? Od tamtej chwili zaczęłam lepiej przysłuchiwać się jemu i innym. Poznałam ludzi, którzy nie tylko czuli to, co ja czułam, ale którzy z łatwością przyznawali się do swego alkoholizmu i akceptowali go.

Po kilku tygodniach zaczęłam chodzić na spotkania do poradni, która znajdowała się bliżej domu. Szczególnie pomagało mi spotkanie kobiet, ponieważ mogłam mówić o sprawach, które trudniej byłoby poruszać na spotkaniu ogólnym. Wnikliwość tych kobiet wymuszała szczerość. Jedna spośród nich została moją „matką chrzestną". Była nieustępliwa, czasem doprowadzała mnie do wściekłości. Ale wiedziała, czym był alkoholizm, i wiedziała, czego potrzebowałam, żeby wytrwać na drodze do uzdrowienia.

Pięć lat później wyprowadziłam się z miasta. Nadal jednak chodziłam na spotkania, gdzie przydzielono mi nowego opiekuna. Chciałam być z ludźmi, którzy rozumieli nie to, jak nieszczęśliwe było moje życie, ale którzy wiedzieli, czego potrzebowałam, aby pozostać trzeźwa. W dniach kiedy byłam zestresowana z powodu pracy, spotkanie pomagało mi na nowo zebrać siły i zachować równowagę. Kiedy się denerwowałam, nie wiedząc, co jest nie tak, czyjeś słowa wypowiedziane na spotkaniu niosły światło i spokój.

Po kilku latach przyjaciel zakwestionował moją potrzebę uczęszczania na spotkania. „Pewnie" - powiedział - „już nie będziesz piła, prawda? Dlaczego nadal tam chodzisz?". Zapewniłam go, że nie myślę o powrocie do picia, ale że towarzystwo ludzi, znających zdradliwą naturę alkoholizmu i stresy alkoholików, pomaga mi w utrzymywaniu się na dobrej drodze i prowadzi mnie ścieżką spokoju i ostatecznego celu zdrowienia.

Moja grupa wsparcia nie jest jedyną oferującą pomoc. Wielu z moich przyjaciół spełnia tę samą rolę. Wiem, że kiedy nachodzi stres czy kryzys, jestem otwarta na wychodzenie do tych, którzy mnie wysłuchają i podtrzymają swoją miłością, udzielą wsparcia. I przynajmniej w części jestem dłużniczką cichego, szczupłego, czarnego mężczyzny, który przedarł się przez izolującą mnie mgłę swoim własnym okrzykiem cierpienia. Niech będzie błogosławiony. Możemy spotkać pokrewne dusze tam, gdzie najmniej się tego spodziewamy.

Delores T.

PRZYJACIEL TO KTOŚ, KTO PRZYCHODZI,
KIEDY RESZTA ŚWIATA ODCHODZI.

Walter Winchell

SPOSÓB SIÓDMY:

dbaj o swoje ciało, a ono zadba o ciebie

SOLVITUR AMBULANDO...
ROZWIĄZANIEM JEST SPACER.
Augustyn z Hippony

Większość z nas wie, że stres ma wpływ na nasze zdrowie. Kiedy jesteśmy zestresowani, nasze ciśnienie krwi wzrasta, łopatki sztywnieją, żołądek się kurczy, przyspiesza się oddech. Wiadomo, że stres może być jednym z czynników, które zwiększa niebezpieczeństwo wystąpienia cukrzycy, a z pewnością wywołuje problemy z sercem.

Nic więc dziwnego, że nasze ciała nie mogą być ofiarami stresu. Powinny raczej pomagać w radzeniu sobie z napięciem i zmartwieniem. Wykazano, że skuteczne w walce ze stresem są: głębokie oddychanie, aktywność i odpoczynek - łatwo dostępne, tańsze od leków i wizyt u lekarza oraz naturalne dla każdego.

Pamiętasz, kiedy jako dziecko płakałeś, bo spadłeś z roweru? Szloch wstrząsał twoim małym ciałem, kiedy wołałeś mamę lub tatę, żeby wstrzymali upływ krwi i ból twoich obtartych kolan i łokci. Ten płacz powodował, że z trudnością łapałeś oddech. Wszyscy wtedy mówili, żebyśmy próbowali głęboko oddychać. W ramionach rodziców szloch zamieniał się w kwilenie, a oddech wracał do normy. Niestety, kiedy dorośliśmy, wielu z nas oddycha jak skaleczone dziecko, którym niegdyś byliśmy. Spokojnie oddychamy tylko podczas snu.

Głębokie oddychanie jest pierwszą prostą techniką redukowania stresu. Wielu z nas musi od nowa nauczyć się oddychania. Tymczasem większość z nas ma tendencję do płytkiego oddechu, na który nasze ciało reaguje nierównym rytmem serca, wzrostem ciśnienia krwi i napadami lęku. Umysł „produkuje" negatywne obrazy, wzmaga się uczucie osamotnienia.

Głębokie oddychanie jest dla zdrowia i łagodzenia stresu niezwykle istotne. W wielu przypadkach jest to jedyny skuteczny sposób pokonania stresu. Głębokie oddychanie rozluźnia nas, kiedy czujemy panikę i lęk. Odwraca naszą uwagę od bólu i niepokoju oraz zwiększa naszą energię. Wyostrza świadomość. Głębokie oddychanie powoduje, że zwalniamy i doceniamy chwilę obecną.

Wdychamy i wydychamy ponad dziesięć milionów razy rocznie. W stanie odpoczynku wdychamy i wydychamy około dwadzieścia razy na minutę. Zatem mamy mnóstwo czasu na praktykowanie oddychania. Kiedy oddech jest głęboki i powolny, ciało się uspokaja i rozluźnia. Umysł może odpoczywać.

Zaangażowanie się w działanie to drugi sposób, w jaki nasze ciało może nam pomagać w radzeniu sobie ze stresem. Zauważ, że kładzie się tutaj nacisk na działanie, niekoniecznie na pełne wigoru ćwiczenia fizyczne czy uprawianie sportu. Badania wykazały, że nawet dwadzieścia minut dziennie aktywności może pozytywnie wpłynąć zarówno na nasz stan fizyczny, jak i psychiczny. Wchodzenie po schodach zamiast jazdy windą, przejście do biura z końca parkingu, praca w ogrodzie, spacer z psem dookoła bloku i sprzątanie strychu - to wszystko pozwala spalać kalorie, ale także wzmaga poziom naszej endorfiny (naturalne substancje przeciwbólowe ciała), dobrze wpływa na mięśnie, poprawia krążenie i gwarantuje spokojny sen.

Golf czy tenis to wspaniałe sporty, ale konieczność znalezienia na nie czasu, umówienie się z przyjaciółmi czy rezerwacja pola lub boiska może się wiązać ze stresem. Dodatkowo - jeśli mamy skłonność do współzawodnictwa - gra może nas jeszcze bardziej obciążyć. Jeśli więc możesz uprawiać sport, to dobrze, jeśli nie - szukaj na co dzień nawet małych form ruchu.

Jeszcze ostatnie słowo o aktywności i redukcji stresu. Kiedy spacerujesz, to skup się na tym i bądź świadom tego, co cię otacza. Kiedy sprzątasz, sprzątaj. Kiedy zajmujesz się ogrodem, po prostu bądź w ogrodzie. Będąc aktywnym, ucz się angażować w samo zajęcie, nie planuj wtedy i nie zamartwiaj się niczym. Czas zajęć powinien być właśnie tym: czasem zajęć. Zrób sobie przerwę, a będziesz miał szanse na to, że wrócisz do pracy odświeżony i wypoczęty.

Ostatni prosty sposób na redukcję stresu jest wyjątkowo prosty: odpoczynek. Jego brak naraża nas na zwiększenie poziomu stresu. Spokojny sen nie tylko odświeża ciało, lecz jest niezwykle ważny dla zdrowia psychicznego. Mark Mahoward, dyrektor Regionalnego Centrum Zaburzeń Snu w stanie Minnesota, stwierdził: „Zostaliśmy wychowani w przekonaniu, że krótki sen jest zaletą. Ludzie nigdy nie chwalą się tym, że spali długo, chętnie natomiast mówią, że ich sen był krótki".

Badania wykazują, że potrzeba snu uzależniona jest m.in. od wieku. Istnieją jednak pewne ogólne wskaźniki:

- niemowlęta: 11 godzin plus dwugodzinna drzemka w ciągu dnia;
- przedszkolaki: 11 do 12 godzin (połowa przedszkolaków ma także drzemkę w ciągu dnia);
- dzieci w wieku szkolnym: około 10 godzin;
- nastolatki: średnio 9 godzin (większość studentów śpi o wiele krócej);
- dorośli: na ogół 8 godzin lub dłużej - potrzeby są zróżnicowane; przeciętny dorosły sypia 6 godzin i 54 minuty w dni powszednie, a 7 godzin i 43 minuty w weekendy.

Wiemy, że kiedy ludzie są wyspani, ich umysł pracuje lepiej, pozbawieni snu stają się bardziej zdezorientowani i drażliwi, ich emocje są rozchwiane, mogą śmiać się z byle czego lub rozpłakać z błahego powodu. Jeśli coś nas uderzy jako smutne, jesteśmy bardziej skłonni do płaczu. Trudniej w takiej sytuacji poradzić sobie z frustracją i złością. Studenci, którzy są zmęczeni brakiem snu, drzemią na wykładach, mają problemy z koncentracją, a nauka przychodzi im z trudnością. Zmęczeni ludzie zasypiający podczas prowadzenia samochodu powodują wypadki i śmierć.

Dlatego właśnie tak ważne jest, aby pilnować pewnego rytmu snu codziennie kłaść się spać o tej samej godzinie, nie pić napojów zawierających kofeinę, nie gimnastykować się późnym wieczorem, nie grać w gry komputerowe przed pójściem do łóżka, ponieważ to wszystko nas pobudza. Organizm powinien funkcjonować w pewnym określonym rytmie. Aby więc nasz zegar biologiczny mógł pracować bez zarzutu, wieczorami nie powinniśmy przebywać w miejscach nadmiernie oświetlonych.

Te trzy sposoby dbania o swoje ciało wymagają pewnej dyscypliny, lecz są tańsze od antyhiperdepresantów i antydepresantów, nie wymagają specjalnego wyposażenia i każdy może z nich korzystać. A co najważniejsze - są to cudownie skuteczne narzędzia radzenia sobie ze stresem.

ŚWIADOMIE ODDYCHAJĄC,
PRZYPOMINAMY SOBIE,
ŻE TERAZ JESTEŚMY TUTAJ,
ABYŚMY MOGLI SOBIE W PEŁNI
UŚWIADAMIAĆ TO, CO SIĘ JUŻ DZIEJE.

Jon Kabat-Zinn

Dbaj o swoje ciało, a ono zadba o ciebie

- Naucz się właściwej techniki oddychania, aby odzyskać spokój umysłu i równowagę ciała. Oddychaj tak głęboko jak tylko możesz. Niech twój oddech wypełni dolne części twoich płuc, odpychaj przeponę, powoli i głęboko.
  Kiedy wydychasz, licz „1".
  Kiedy wdychasz, mów „i".
  Kiedy wydychasz, licz „2".
  Kiedy wdychasz, mów „i".
  Kontynuuj do 4, wtedy wróć do 1.
  Jeśli coś cię rozproszy lub pomylisz się w liczeniu, spokojnie wróć do 1 i zacznij od nowa. Ewentualnie po prostu przestań liczyć i skup się na oddychaniu. To nieskomplikowane ćwiczenie można powtarzać w ciągu dnia: czekając na zmianę świateł na jezdni, na dziecko, kiedy przyjedziesz odebrać je ze szkoły, w kolejce do kasy w sklepie spożywczym. Weź parę oddechów, zanim rozpoczniesz obiad, i delektuj się zapachem tego, co będziesz spożywał.
- Znajdź codziennie 20 minut na aktywność. Aby być konsekwentnym, zaplanuj to: podziel kartkę papieru na siedem kolumn, w każdą wpisz przybliżony plan na każdy dzień - nie idealny, po prostu wynotuj, co zwykle robisz. Uwzględnij również czas przechodzenia z samochodu do biura lub przerwy na kawę. Wreszcie zobacz, w jaki sposób możesz zwiększyć poziom aktywności tak, abyś dzień za dniem miał trochę więcej ruchu. I tak np. zamiast szukać parkingu najbliżej drzwi biura, zaparkuj na jego drugim krańcu. Zamiast przerwy na kawę, idź na piętnastominutowy spacer albo wchodź po schodach. Zamiast wysyłać e-maile, idź bezpośrednio do ich adresatów. Każdego ranka pójdź na krótki spacer. Innymi słowy - zwiększ swoją aktywność.

- Każdego dnia zrób trzyminutową przerwę na relaks. Weź głęboki wdech i wstrzymaj go, jednocześnie napnij pewną grupę mięśni. Wydychając, rozluźnij je i poczuj, jak znika napięcie.
- Dobrze się wyśpij.
  - Weź ciepłą kąpiel lub posłuchaj kojącej muzyki.
  - Zachowuj regularny tryb życia.
  - Codziennie kładź się do łóżka i wstawaj o tej samej porze.
  - W łóżku nie jedz ani nie oglądaj telewizji.
- Jeżeli stworzyłeś już plan ćwiczeń, a mimo to twój poziom stresu jest zbyt wysoki, zadaj sobie kilka pytań: Czy ćwiczenia mnie stresują? Czy stały się dla mnie pracą? Czy postrzegam je jako kolejną rzecz do zrobienia, czy jako czas na to, aby czuć się dobrze ze swoim ciałem i ukoić mój umysł? Czy jestem tak nastawiony na rywalizację, że traktuję ćwiczenia jako kolejny sprawdzian dla samego siebie? Jeśli na któreś z tych pytań odpowiedziałeś tak, to rozważ zamianę twojego planu ćwiczeń na coś mniej kompetytywnego lub pochłaniającego i/albo skupienie się na czerpaniu z nich radości.

NA PIECHOTĘ I WESOŁY WYRUSZAM
W SZEROKĄ DROGĘ,
ZDROWY, WOLNY, ŚWIAT
PRZEDE MNĄ.

Walt Whitman

Spacer

Przygotowując się do wyruszenia na doroczny pochód na rzecz rozwoju badań dotyczących AIDS w stanie Wisconsin, wraz z moją przyjaciółką Ellen, żoną Joyce i tysiącami innych uczestników urządziliśmy sobie zajęcia aerobowe, które miały przygotować nas do większego wysiłku. Cieszyłem się, że Ellen przyłączyła się do Joyce i do mnie w tym pochodzie, nie tylko dlatego, że Centrum Badań AIDS było dobrą inicjatywą, ale bardziej dlatego, że jej uczestnictwo w pochodzie sygnalizowało radykalny zwrot w jej życiu. Kiedy zwróciłem się do niej o pomoc w sponsorowaniu mnie, zadeklarowała chęć pójścia z nami. Słysząc zdziwienie w moim głosie, opowiedziała mi o zmianach, jakie zaszły w jej życiu od naszej ostatniej rozmowy.

„Kiedy weszłam do biura Franka, wiedziałam, że należę do przeszłości. Awanturowaliśmy się o każdy projekt, jaki mu wysłałam. Miarka się przebrała, kiedy próbował zmienić mi stanowisko na niższe, ponieważ nie chciałam zrobić seksownej okładki na broszurę reklamową. Była dyskryminująca dla kobiet i tandetna. Po prostu nie mogłam tego zrobić. Byłoby to złe dla naszego wizerunku, dla firmy, dla której projektowaliśmy, i dla mnie osobiście. Nie chciałam, żeby kojarzono mnie z takimi śmieciami. Wręczył mi list, w którym przedstawił alternatywę: albo zrezygnuję z pracy, albo zostanę zwolniona. Jeśli wybiorę pierwsze rozwiązanie, moja odprawa będzie większa. Powiedział, że mam podjąć decyzję tu i teraz. Podpisałam rezygnację, a on dał mi dwie godziny na opuszczenie budynku. Tylko tyle - po prawie 20 latach pracy w tej firmie.

Czekałam, aż wyjdę, żeby się rozpłakać. To była mieszanka złości, goryczy, zranienia i zawstydzenia. Patrząc na to z dystansu, myślę, że podświadomie też mi ulżyło. Moje projekty dostarczały firmie prawie jedną czwartą dochodu, ale byłam zbyt dużym zagrożeniem dla Franka. Jak wielu dyrektorów w tej firmie, dawno temu osiągnął najwyższy poziom niekompetencji. Praca dla takiej ciamajdy przez prawie rok była cierpieniem. Musiałam brać leki na ciśnienie krwi, przytyłam trzydzieści funtów i od tygodni źle spałam. Byłam już fizycznym wrakiem, a i tak z każdym dniem było gorzej.

Nie byłoby tak źle, gdyby nie kwestie finansowe. Rynek pracy w Milwaukee dla projektantów grafiki był dość ograniczony.

Większość firm wolała zatrudniać tanich nowo przybyłych. Ponieważ Kevin był jeszcze w koledżu, potrzebowaliśmy mojej pensji, więc zaczęłam szukać pracy. Na tamten moment nie było najgorzej, ale musiałam myśleć o przyszłości.

Właśnie skończyłam 50 lat. Przez pierwsze parę tygodni na rozmowach kwalifikacyjnych konkurowałam z ludźmi o połowę młodszymi odc mnie, którzy byli wyraźnie onieśmieleni. Zaczęłam myśleć, że znalezienie pracy na pełny etat w firmie zajmie mi więcej czasu, niż początkowo sądziłam. Całe to zamieszanie bardzo mnie dotknęło. Spostrzegłam, że jem za dużo, a po rutynowej wizycie u mojego lekarza wiedziałam, ze moje ciśnienie sięga niebezpiecznego poziomu.

Podjęłam więc dwie decyzje. Najpierw zdecydowałam się na przyjmowanie prac zleconych, przynajmniej dopóki nie znajdę pracy na pełny etat. Druga decyzja okazała się nawet ważniejsza. Zdecydowałam się przyłączyć do Weight Watchers (Strażników Wagi). Pomyślałam, że skoro było to wystarczająco dobre dla mojej przyjaciółki Alice, która zrzuciła prawie osiemdziesiąt funtów, to z pewnością będzie dobre i dla mnie. Inaczej mogę mieć poważne kłopoty ze zdrowiem.

Jestem wdzięczna, że Ted się zgodził i wspierał mnie. Myślę, że jemu też ulżyło. Stres sprawiał, że stawałam się zrzędliwa i nieuważna, podupadałam na zdrowiu. Zaczęłam więc liczyć kalorie i zmieniłam sposób gotowania. Zaangażowałam się w to całkowicie, wykorzystując moją twórczą energię, ale i wyładowując frustrację. Moje nowe niskokaloryczne potrawy były więc naprawdę bardzo różne, czasem wspaniałe, a innym razem po prostu niejadalne. Ted znosił to wszystko spokojnie, wykazując się niesamowitą tolerancją, jak na dobrego męża przystało.

Strażnicy Wagi mówią ci, żebyś zażywał ruchu przynajmniej 20 minut dziennie. Praca nieetatowa znacznie mi to ułatwiła. Po godzinie pracy nad projektem wstawałam i odkurzałam duży pokój. Miałam regularny plan sprzątania. Mój dom przez lata nie był tak wysprzątany. Codziennie wychodziłam na spacer.

W pierwszym tygodniu myślałam, że umrę - 20 minut wydawało się wiecznością. Założę się, że szłam tylko około pół mili. I choć po powrocie do domu bolały mnie nogi, to czułam się lepiej.

Wkrótce moje spacery wydłużyły się do 30 minut, a jeśli czas na to pozwalał - do godziny. I zawsze czułam się lepiej. Zrzucałam zbędne kilogramy wolniej, niż bym chciała, ale - tak czy inaczej - zrzuciłam. Ale wiesz, co było najlepsze? Zaczęłam mieć więcej energii, lepiej spałam i przestałam się tyle martwić. Myślę, że w rezultacie moje projekty są lepsze od tych, które robiłam w poprzednich latach.

Kiedy osiągnęłam wagę, jaką chciałam, weszłam do gabinetu mojego lekarza, wierząc, że mogę zrezygnować z leku na ciśnienie. Był zaszokowany. Po raz pierwszy widziałam, jak zaniemówił - moje ciśnienie było modelowe. Ani grosza więcej na leki. Czuję się świetnie.

W dalszym ciągu nie mam pracy na pełny etat, ale dzięki zleceniom, które otrzymuję, możemy się utrzymać. Jeśli mam jakiś problem z projektem albo zaczynam się czymś denerwować, wyciągam odkurzacz i sprzątam dom albo sznuruję moje sportowe buty i idę na spacer".

Miesiąc po naszej rozmowie staliśmy tutaj w pierwszej linii marszu na rzecz rozwoju badań dotyczących AIDS. Ellen wyglądała wspaniale. Gdy tylko honorowy przewodniczący zagwizdał, ruszyliśmy. Słońce jasno świeciło. Orzeźwiający wiaterek powiewał od jeziora Michigan. Ale najbardziej ze wszystkiego cieszyła nas wspaniała przemiana naszej przyjaciółki Ellen.

Carl Koch

MAM DWÓCH LEKARZY - MOJĄ LEWĄ I PRAWĄ NOGĘ.

Anonim

Dom

Podczas dni skupienia Rose (nie jest to jej prawdziwe imię) opowiedziała o tym, jak utrzymywać równowagę dzięki odpoczynkowi, gimnastyce i życiu zgodnie z określonymi przez siebie priorytetami.

Kiedy Dave wszedł do domu, wiedziałam, że stało się coś strasznego. Wciągnął swoje torby i rzucił je na podłogę w korytarzu. Jego twarz była popielata, a oczy wytrzeszczone.

Najpierw dałam mu całusa i mocno przytuliłam, potem zapytałam: „Co się stało? Wyglądasz przeraźliwie".

Dave nawet nie próbował się uśmiechnąć. Pokiwał głową, jakby próbując rozjaśnić umysł.

Powiedziałam, żeby wziął prysznic i się ogarnął. Potem możemy coś zjeść. Caitlin, nasza córka, była jeszcze na zajęciach, a A.J., nasz syn, odpoczywał po obiedzie.

Patrzyłam, jak Dave powoli wchodził po schodach. Kiedy podgrzałam lasagne i zrobiłam mu surówkę, poczułam lęk. Co się mogło stać?

Dave długo brał prysznic. Kiedy usiadł, wyglądał nieco lepiej.

Opowiedziałam mu, co słychać u dzieci i u mnie w pracy, czekając, aż zje, zanim go znowu zapytałam: „Dave, co się stało?".

„Przejechałem całe Chicago i nawet nie zauważyłem, kiedy znalazłem się w Gary. Gdyby nie to, że najechałem na pasek ostrzegawczy na poboczu autostrady, nawet nie spostrzegłbym, że jestem w Gary. Gdyby mnie to nie obudziło, zjechałbym z drogi".

„Mój Boże, Dave. Znowu nie spałeś?".

„Jestem po prostu tak zmęczony, Rose. Im lepiej kręci się biznes, pod tym większą jestem presją. I męczę się coraz bardziej. Już tak nie mogę".

Wiedziałam, że był przepracowany. Miał czterdzieści jeden lat, a wyglądał na dziesięć lat starszego. Namówiłam go, żeby położył się do łóżka, a potem powiedziałam: „Jutro bierzesz wolne".

„Nie mogę. Mam spotkanie z nowym księgowym o 11.00, a...".

„Nie Dave" - przerwałam mu. „Nie masz. Świat się nie zatrzyma, jeśli w końcu o siebie zadbasz. Ja też wezmę wolne. Chcę, żebyś za miesiąc był na występie Sarah, na zakończeniu szkoły A.J.'a i żebyśmy byli razem na starość".

„Dobrze" - to było wszystko, co odpowiedział. Teraz wiedziałam, że sięgnął granic wytrzymałości. Dave nigdy wcześniej nie dopuszczał, że mógłby wziąć wolne.

Ironia tej sytuacji była uderzająca. Trzy lata temu Dave uciekł od stresującej pracy w korporacji. Ponieważ był wschodzącą gwiazdą firmy, oczekiwano, że będzie pracował sto godzin na tydzień. Przez kilka lat jakoś sobie z tym radziliśmy. Pensja i inne profity związane z pracą w takiej firmie były bardzo kuszące. Jednak byłam wściekła, kiedy Dave nalegał, że na wakacje zabierze pager, telefon komórkowy i laptop. Miałam dość jego, firmy i tego, że czułam się jak samotna matka.

Dave - jak się okazało - też miał dość i myślał o zmianach. Zdecydował się założyć własną firmę konsultingową, więcej pracować w domu i przyjmować tylko te zlecenia, które mu odpowiadały. Przez pierwsze osiemnaście miesięcy wszystko szło jak po maśle. Stopniowo jednak profesjonalizm i ciężka praca Dave'a stawały się jego wrogami. Zadania, których się podejmował, były coraz bardziej wymagające. Jako niezależny inżynier konsultant obawiał się odrzucać pojawiające się propozycje, gdyż nigdy nie mógł być pewien tego, co stanie się w przyszłości i czy będą nowe zlecenia. Zatem przyjmował więcej projektów, niż mógł podołać. Wkrótce pracował tak ciężko i długo jak w swojej dawnej firmie. Źle sypiał i nigdy wystarczająco długo, zawsze myśląc o następnym projekcie i o wszystkim, co miał zrobić. Już rzadko biegał, porzucając jedyne ćwiczenie fizyczne, jakie podjął po opuszczeniu korporacji.

Kiedy próbowałam z nim rozmawiać o stresie, jaki wiąże się z taką nadmierną ilością obowiązków, o jego przepracowaniu, stawał niemal na baczność, mówił coś o byciu supermenem i szybko zmieniał temat. Kiedy przyznał się, że nie pamiętał, jak jechał przez Chicago, zdałam sobie sprawę, że Dave osiągnął punkt krytyczny.

Ku mojemu zdziwieniu dobrze spał tej nocy. Zauważyłam, że wyłączył pager i telefon komórkowy i zostawił laptop na korytarzu, na dole. Kiedy rankiem wyśliznęłam się z łóżka, Dave po prostu obrócił się na drugi bok.

Dokładnie o 8.00 zadzwoniłam do naszego lekarza rodzinnego i bliskiego przyjaciela Billa i błagałam go, żeby jeszcze tego samego dnia przebadał Dave'a. Bill polecił swojemu recepcjoniście wyznaczyć godzinę wizyty.

Wymagało to z mojej strony sporo dyplomacji, ale udało mi się zabrać Dave'a do przychodni Billa na 14.00. Czułam się trochę niezręcznie, wioząc swojego męża do lekarza, ale byłam zbyt zmartwiona, żeby tego nie zrobić.

Minęło sporo czasu, zanim Dave przyznał się do tego, co usłyszał od Billa: „Jesteś za młody, żeby mieć takie ciśnienie krwi. Nie wiem, jak do tego doprowadziłeś, ale to z pewnością nie jest dobre. Musisz wydostać się z tego wiru, w który wpadłeś, zmienić tę sytuację i podejście do życia. Po prostu musisz coś zrobić. Oczywiście mogę ci dać coś na sen, ale wolałbym nie aplikować żadnych farmaceutyków. Jeśli jednak nadal nie będziesz się wysypiał, to albo pojawisz się tutaj wkrótce, albo skończysz gdzieś na barierce. I lepiej zacznij coś ćwiczyć. To od ciebie zależy, co teraz zrobisz. Cieszę się tylko, że Rose cię tu dziś zaciągnęła".

Wtedy jednak - kiedy jechaliśmy do domu - nie chciał mi powiedzieć całej prawdy. Gdy spytałam: „No i?". Odpowiedział tylko: „Z czym?".

„Co powiedział Bill?" - ciągnęłam dalej. Dave czasem był taki wkurzający.

„No cóż, żebym powiedział ci, żebyś pojechała do szkoły po dzieci, kupiła coś do jedzenia i do picia i potem żebyśmy pojechali nad rzekę na piknik".

Podobało mi się to, co usłyszałam, ale nie miałam ochoty na żarty. „Tak, na pewno. To dobry początek. I co jeszcze?".

„Powiedział, żebym lepiej spał i więcej ćwiczył".

„Tylko tyle?".

„To dużo. To oznacza wywrócenie mojego świata do góry nogami. Ale popatrz, to mała cena za to, żeby się z tobą zestarzeć. Zatrzymaj się. Stój".

Przestraszył mnie na śmierć, ale zatrzymałam się. Dave odpiął swój pas, przysunął się i pocałował mnie tak, jak to robił tuż po ślubie.

„Wow" - powiedziałam. „Będę cię częściej zabierała do lekarza".

„Nie, nie będziesz" - odpowiedział Dave. „To jest to. Mogę doprowadzić do porządku swoje życie. Może nie będziemy mieli aż tyle pieniędzy, ale już nigdy nie będę jechał przez Chicago, zupełnie tego nie pamiętając".

[BÓG] ODPOCZĄŁ DNIA SIÓDMEGO
PO CAŁYM SWYM TRUDZIE, JAKI PODJĄŁ.
WTEDY BÓG POBŁOGOSŁAWIŁ ÓW SIÓDMY DZIEŃ
I UCZYNIŁ GO ŚWIĘTYM; W TYM BOWIEM
DNIU ODPOCZĄŁ PO CAŁEJ SWEJ PRACY, KTÓRĄ WYKONAŁ,
STWARZAJĄC.

Księga Rodzaju [2, 1-3]

SPOSÓB ÓSMY:

baw się dobrze!

NIE MUSIMY BYĆ RADOŚNI, ŻEBY SIĘ ŚMIAĆ. MUSIMY SIĘ ŚMIAĆ, ŻEBY BYĆ RADOŚNI.

William James

Pewnego razu, mówi opowieść zen, pewien człowiek idący przez pole napotkał tygrysa. Uciekając, znalazł się na krawędzi przepaści, uchwycił się korzenia i zawisł. Ale na dole był drugi tygrys.

Wkrótce nadeszły dwie myszki i zaczęły ogryzać pnącza. Człowiek spojrzał z przerażeniem na tygrysa, który stał na dole. Ale wtedy spostrzegł gałązkę truskawki. Zerwał owoc i zjadł. Był pyszny.

Kiedy zaczynamy akceptować sytuację, której nie możemy uniknąć, możemy spróbować ją przemienić. Kiedy później przypominamy sobie to, co się zdarzyło, może nas to nawet śmieszyć. Pomyśl o wielu spotkaniach - zjazdach klasowych, obchodach różnych rocznic, świętach - na których właśnie takie sytuacje się pojawiają. Humor jest reakcją na niestosowność, na rozbieżność pomiędzy tym, czego oczekiwaliśmy, a tym, czego doświadczamy.

Ten człowiek dalej wisiał na pnączu, tygrysy czekały w górze i na dole, ale truskawka była słodka. Jeśli możemy, cieszmy się. Nie rozwiąże to wszystkich naszych problemów, ale utrzyma na dystans przerażenie.

Zabawa nie jest zarezerwowana dla dzieci, klownów i błaznów. Zabawa jest impulsem do życia. To nas łączy. Kiedy ludzie się bawią, zapominają o swoich kłopotach i troskach, i po prostu się cieszą. Kiedy ludzie się bawią, to więcej tworzą i zaczynają dostrzegać nowe możliwości, rozwiązania. Poszerza się ich percepcja, a zaczynają słuchać i słyszeć innych. Ludzie, którzy się bawią, żyją w teraźniejszości i z konkretnej, nadarzającej się właśnie chwili czerpią całą energię. Trudno jest mieć napięte mięśnie twarzy i uśmiechać się równocześnie.

Kiedy nasze życie staje się nerwowe i brakuje w nim zabawy, nasz duch cierpi. W pierwszej kolejności tracimy poczucie humoru. Już się nie śmiejemy z własnych absurdalnych dowcipów czy szaleństw innych. Zaczynamy doszukiwać się ciemnych, ukrytych znaczeń, których w rzeczywistości nie ma. W jakże niezdrowy stan popadamy! Robert Louis Stevenson powiedział: „Radosny mężczyzna czy kobieta to promienne skupisko dobrej woli - ich wejście do pokoju jest jakby zapaleniem nowego światła". Kiedy zbytnio się stresujemy albo nie potrafimy się śmiać, wnosimy tylko ponury nastrój.

Stres można także postrzegać jako zaproszenie do ryzyka, że wyjdzie się na głupka, do zrelaksowania się i cieszenia się chwilą obecną oraz do zachowania zdrowia. Słowo „silly" [z ang. „głupiutki", „niemądry" - przyp. tłum.] pochodzi od staroangielskiego „saelig", co znaczyło „szczęśliwy, wesoły i błogosławiony". „Głupiutki" było określeniem błogosławieństwa, którego życzyłeś tym, których kochałeś.

Co zmieniło nasze myślenie, że teraz „głupiutki" znaczy dziecinny i niedojrzały? Niestety, przyjęliśmy, że określenie „głupiutki" odnosi się do małych dzieci. Nic dziwnego, że nasz poziom stresu jest zwariowany.

Musimy znaleźć sytuacje, w których możemy pozwolić sobie na śmiech, radość i humor. Musimy znaleźć sposoby na zabawę czy nawet na to, żeby być jak klowni, profesjonalni zabawiacze. Praca klownów to dobra zabawa. Klowni dają innym szansę, aby zobaczyli, czym jest zabawa. Klowni symbolizują dziecko, które jest w każdym z nas. Wszyscy chcemy się bawić. „Rasa ludzka ma tak naprawdę tylko jedną skuteczną broń, a jest nią śmiech", napisał Mark Twain. „W chwili gdy się pojawia, ustępuje cała nasza zatwardziałość, nikną rozdrażnienie i złość, a ich miejsce zajmuje pogoda ducha".

Śmiech z samych siebie jest znakiem, że nasz duch staje się większy od naszego problemu. Wierzymy, że to życie nie jest wszystkim. Wierzymy, że nasz Bóg będzie nad nami czuwał. Jest wiele dowodów na to, że ludzie, którzy potrafią się śmiać, w obliczu przeciwności mają większe szanse na wyzdrowienie od tych, którzy śmiać się nie potrafią. Humor jest dla nas potężnym znakiem, że Bóg istnieje.

Kiedy mamy poczucie humoru, kiedy wiemy, jak się bawić i cieszyć, wtedy rzeczywiście umacniamy siebie. Zamiast ograniczać zdolność do radzenia sobie z rzeczywistością, radość, humor i zabawa w rzeczywistości podwyższają naszą skuteczność i wydajność. W trudnych sytuacjach dostrzegamy nowe możliwości ich rozwiązania. Możemy zyskać pewien emocjonalny dystans do swoich problemów i lepiej wtedy sobie z nimi radzić. Możemy zmienić percepcję okoliczności, w jakich się znaleźliśmy, zanim one zaczną zmieniać nas. Phyllis Diller przypomina nam: „Musicie sobie uświadomić, że kiedy wszystko idzie dobrze i wszystko jest piękne, to nie jest komedia. Komedie macie wtedy, kiedy ktoś przydeptuje tren sukni panny młodej albo dostaje czkawki podczas ceremonii!". I taka komedia usuwa presję, łagodzi stres i pozwala nam śmiać się i cieszyć.

SAMO ŻYCIE PRZYNIESIE CI
CIERPIENIE. NA TOBIE SPOCZYWA ODPOWIEDZIALNOŚĆ
ZA WNOSZENIE RADOŚCI.

Milton Erickson

Baw się dobrze!

- Zrób sobie przerwę na śmiech. Przestań robić to, co robisz, i śmiej się w głos. Nie przejmuj się, że ktoś cię usłyszy. Śmiech jest zaraźliwy. Rozsiewaj radość.
- Zacznij zbierać śmieszne opowiadania, rysunki, które lubisz, i dowcipy, które powodują, że pokładasz się ze śmiechu. Postanów sobie, że przynajmniej jedną głupiutką historią albo żartem podzielisz się z jedną osobą dziennie. To będzie dobre dla ciebie i dla nich.
- Świadomie szukaj śmiesznych rzeczy, które właśnie się wokół ciebie zdarzają. Dostrój się do takiej chwili, zauważ jej pozytywny przekaz. Pamiętaj, rzeczy nie są takie, jakie są, ale takie, jak my je widzimy. Jeśli postanowimy dostrzegać dobro i humor w różnych życiowych sytuacjach, to tak będziemy je odbierać.
- Anonimowo poślij komuś kwiaty.
- Napisz list do Świętego Mikołaja i podziękuj mu za prezenty, które dostałeś w czasie ostatnich świąt Bożego Narodzenia.
- Ogłoś dzisiaj „Dzień Zabawy". Nawet jeśli musisz iść do pracy, baw się tam. Znajdź sposoby cieszenia się pracą:
  - o przypnij śmieszne rysunki na tablicy ogłoszeń,
  - o podziel się w przerwie na kawę dowcipami,
  - o rozpoczynaj zebrania pracowników w taki sposób, aby każdy mógł się uśmiechnąć,
  - o ogłoś każdy poniedziałek „Dniem Uśmiechu" - każdy przyłapany bez uśmiechu musi złożyć ofiarę na cel dobroczynny.
- Podpisz ze sobą „Umowę zabawy" zobowiązującą cię do zrobienia czegoś śmiesznego co tydzień - czegoś bez sensu i zabawnego. Możesz wykorzystać jedną z następujących „Recept Smollin na zachowywanie radości i wesela w swym codziennym życiu":

1. Uwierz, że zasługujesz na to, by być radosnym.
2. Codziennie baw się dobrze.
3. Nie przebywaj w towarzystwie ludzi nastawionych negatywnie.
4. Bądź ciekawy.
5. Żyj chwilą obecną.
6. Uśmiechaj się, uśmiechaj się i uśmiechaj się jeszcze więcej.
7. Spodziewaj się niespodziewanego.
8. Bądź dla innych uprzejmy.
9. Każdego dnia coś podaruj.
10. Codziennie dużo się śmiej - to jest ćwiczenie.
11. Przebaczaj - sobie i innym.
12. Codziennie zaczynaj od nowa.
13. Otaczaj się pozytywnymi ludźmi.
14. Celowo popełniaj codziennie jakieś błędy.
15. Śmiej się z siebie.
16. Prowadź dziennik radości.
17. Oddychaj głęboko podczas stresujących sytuacji.
18. Każdego dnia ucz się czegoś nowego.
19. Poszukaj nowego sposobu na rozwiązanie jakiegoś problemu.
20. Licz swoje błogosławieństwa.

POŚWIĘĆ CZAS NA PRACĘ.
TO JEST CENA SUKCESU.
POŚWIĘĆ CZAS NA MYŚLENIE.
TO JEST ŹRÓDŁO MOCY.
POŚWIĘĆ CZAS NA ŚMIECH.
TO JEST MUZYKA DUSZY.

Stara modlitwa angielska

Wielka robota

Oto znów nadszedł czas na doroczne bożonarodzeniowe wydarzenie ciasteczkowe. Mama i my, dzieciaki, jak co roku spędzaliśmy popołudnie, wałkując ciasto, ostrożnie wybierając foremkę i przypominając sobie nawzajem, żeby nie podjadać, bo to dla nas niezdrowe. Kiedy ciasteczka ostygły, mama studziła je, a potem każdemu wręczała wypieki, byśmy ozdobili je tak, jak chcemy. Używaliśmy do tego wszystkich ulubionych dekoracji: kolorowych kuleczek, zielonych płatków i dłuższych brązowych kruszonek doskonałych do zdobienia ciastek w kształcie reniferów.

Mama nuciła melodie świąteczne, patrząc, jak nasza trójka ozdabiała ciastka. Pochwaliła każdego za jego projekt. Kiedy skończyła studzić kolejną porcję ciastek, usiadła i uśmiechała się, patrząc na nas. Wtedy głośny wrzask mojego ojca z innego pokoju zburzył spokój chwili.

„Wystarczy! Mam tego dość!" - zawołał. „Złapię je wszystkie, nawet gdyby to miała być ostatnia rzecz, jaką zrobię w życiu!".

Mama spojrzała po nas. Dobrze wiedzieliśmy, o co chodziło tacie. Człowiek z natury łagodny, słabo tolerował węże czy myszy. Ponieważ w Wisconsin był środek zimy, wiedzieliśmy, że żaden wąż nie pełzałby koło domu. Musiał znaleźć ślady myszy. Nie znosił ich.

Jednak mimo to mama zapytała: „Kochanie, co się dzieje?".

„Myszy. Mamy mysz w pralni. Znalazłem bobki koło psiej miski. Widziałem. Nie spostrzeżesz się, jak będziemy mieć mysie rodziny mieszkające w naszym domu. Zamierzam zająć się tymi małymi dziadami raz na zawsze".

Mama też nie lubiła myszy, ale czuła, że tata zbyt nerwowo zareagował. Daremnie próbowała go uspokoić. Zamiast przyjść podziwiać ciasteczka, które zrobiliśmy, zajął się szukaniem pułapek na myszy, a następnie ustawianiem ich w strategicznych miejscach.

Widzieliśmy, że mamę denerwowała ta jego wojna z myszami. Tak naprawdę chciała, żeby się zrelaksował i po prostu cieszył z nami świątecznymi przygotowaniami. Myślała, że gdyby dostrzegł, jak śmiesznie się zachowuje, nie brałby tak poważnie swojej misji wytępienia wszystkich myszy na świecie.

Gdy patrzyła na piękności, jakie zrobiliśmy, zaczął powstawać plan. W ubiegłym roku mysz dopuściła się najwyzszej obrazy w oczach mojego ojca. Maleńki i bojaźliwy zwierzaczek zostawił swoje bobki w szufladzie na dziecięce szczoteczki do zębów. Mama też wtedy straciła cierpliwość, ale tata był wściekły.

Teraz mama się śmiała, szepcząc, co mamy robić. Wszyscy cichutko poszliśmy do sypialni rodziców, zabierając ze sobą brązową kruszonkę. Upewniwszy się, że tata nie widzi, mama rozrzuciła trochę brązowej kruszonki w jego szufladce. Zaczęliśmy się śmiać, wyobrażając sobie, co się stanie, kiedy tata je zobaczy - kawałki kruszonki wyglądały dokładnie jak mysie bobki. Szybko wyszliśmy z sypialni, a mama szepnęła, że Beth powinna rozpocząć operację „Mysia zemsta".

„Tato, chodź szybko!" - zawołała Beth. „Wydaje mi się, że mysz była w twojej łazience!".

Wbiegł po schodach uzbrojony w arsenał pułapek na myszy. Zaczął wygłaszać przemowę o tym, jakie to paskudne stworzenia, które należy wyniszczyć.

Mama rozpoczęła swoją część planu. Wbiegła do łazienki ojca i spytała, co się stało. My oczywiście także.

„Nie mogę w to uwierzyć!" - wykrzyknął. „Myszy są nawet tutaj, w naszej łazience!".

„Skąd to wiesz?" - niewinnie spytała mama.

„Oto dowód. Ten mały gość zostawił nam prezent w naszej szufladzie na szczoteczki do zębów!". I oskarżycielskim gestem wskazał na brązowe „bobki" w szufladzie.

„Co chcesz powiedzieć! Skąd pewność, że to są mysie bobki?" - odrzekła mama.

Tato przewrócił oczami. „Każdy wie, jak wyglądają mysie bobki, jak je widzi".

Mama puściła do nas oczko i spokojnie podeszła do szuflady. Spoglądając na tatę, powiedziała: „Myślę, że możesz mieć rację. Może to po myszy. Niech sprawdzę". Szybko wzięła kilka „bobków" i wsypała do ust, ogromnie delektując się ich smakiem.

Tata ze zdumienia otworzył usta. Widać było, że zastanawia się, czy aby jego żona nie postradała zmysłów. Tymczasem my nie mogliśmy się powstrzymać. Wybuchnęliśmy śmiechem. Zarumieniony tato przypatrzył się bobkom i uświadomił sobie, że to tylko brązowe okruszki. Patrzył na radosną twarz mamy. Widać było, że zaczyna się domyślać, co się stało. Zrozumiał, że powinien zacząć cieszyć się ze świąt, rozchmurzyć się i ogłosić tymczasowy rozejm z mysią populacją.

Mary Ann Herlitzke

STROŃ OD MĄDROŚCI, KTÓRA
NIE PŁACZE,
OD FILOZOFII, KTÓRA SIĘ
NIE ŚMIEJE,
I OD WIELKOŚCI, KTÓRA
PRZED DZIEĆMI SIĘ NIE POKŁONI.

Kahlil Gibran

Poproś o pomoc

Byłam głównym pedagogiem w szkole podstawowej w mieście Albany. To była wspaniała praca. Lubiłam uczniów, rodziców, nauczycieli, a nawet panujący system sądowy. Moją wspaniałą przyjaciółką była - i nadal jest - Johanne, dyrektorka szkoły.

Właśnie zabrakło nam oleju opałowego. Jego ceny były tak wysokie, że szkoły zdecydowały się przedłużyć ferie bożonarodzeniowe. W niedzielny wieczór poprzedzający otwarcie szkoły Johanne poprosiła, żebym poszła z nią do szkoły włączyć ogrzewanie, aby uczniowie nie musieli siedzieć w poniedziałek w zimowych kurtkach.

Tamtego wieczoru śnieg i lód okrył Albany. Zaparkowałyśmy samochód za szkołą i weszłyśmy do murowanego, lodowatego budynku. Wewnątrz był mróz! Piec znajdował się w piwnicy, więc zeszłyśmy tam, aby pociągnąć odpowiednie dźwignie i przełączniki. Kiedy doszłyśmy do korytarza na początek schodów prowadzących do piwnicy, zauważyłyśmy, że drzwi się zatrzasnęły. Wtedy Johanne uświadomiła sobie, że wszystkie kłódki pozmieniano podczas ferii świątecznych, a my nie miałyśmy klucza, aby otworzyć drzwi.

Zaczęłyśmy wymyślać sposoby wydostania się z piwnicy. Było zbyt zimno, by zostać tam całą noc. Sprawdziłyśmy zewnętrzne drzwi piwniczne. Nie drgnęły, ponieważ były zasypane śniegiem. Nie miałyśmy żadnych szans, aby je wyważyć. Postawiłam krzesło na szczycie schodów i próbowałam wyjrzeć przez maleńkie okienko. Miałam nadzieję, że ktoś będzie przechodził obok szkoły i uda nam się go zawołać. Ale nie był na tyle niemądry, żeby wyjść na dwór w taką zamieć!

W tej właśnie chwili Johanne oświadczyła, że musi iść do toalety. Wystarczyło, że to usłyszałam, a natychmiast poczułam tę samą potrzebę. Co mogłyśmy zrobić? (Około pół godziny później, kiedy trwałam na posterunku przy moim okienku, usłyszałam dochodzący z piwnicy odgłos kapania. Uświadomiłam sobie, że Johanne znalazła ściek. To nie pomogło w mojej sytuacji!).

Nagle wpadłam na pomysł: pociągnij alarm pożarowy. Zawołałam na dół do Johanne. Przerażona tym pomysłem oświadczyła, że nie może tego zrobić. „To by oznaczało, że do szkoły przyjadą wszystkie wozy strażackie, jakie są w Albany".

Zaczęłyśmy się wspólnie zastanawiać, co możemy zrobić. Zamarzłybyśmy, czekając całą noc, aż piec zacznie działać i zrobi się cieplej. Nikt nie wiedział, gdzie byłyśmy. Nie zanosiło się na to, że ktoś będzie przechodził koło szkoły, abyśmy mogły wezwać pomocy. „Wozy strażackie przybywają nawet po to, żeby zdjąć z drzew koty!" - argumentowałam. Nic nie pomogło. Johanne nie chciała pociągnąć alarmu.

Opuściłam swoją pozycję i zbiegłam po schodach. Przypominam, że nie wiedziałam dokładnie, co zamierzam zrobić, nie chciałam jedynie zamarznąć na śmierć, a żaden pomysł na rozwiązanie naszego problemu nie przychodził mi do głowy. Pociągnęłam więc czerwoną dźwignię alarmową, a potem biegiem wróciłam na schody, zajmując swój posterunek.

Wozy strażackie nadjechały ze wszystkich stron. Światła migały olśniewająco, rzucając na budynek szkoły czerwone światło. Po chwili usłyszałyśmy upragnione kroki. Kilku strażaków pojawiło się przy drzwiach piwnicy. Gdy tylko je wyważyli, podbiegłam, by im podziękować. Posuwałam się naprzód, mówiąc przez ramię, że muszę pójść do toalety, zanim będę mogła wyjaśnić, co się stało! Kątem oka widziałam, że Johanne już to za mnie robi. Potem przez kolejne miesiące „raczyłyśmy" wszystkich swoją wersją „Wielkiej ucieczki". Uznałyśmy, że taka dobra historia nie powinna się zmarnować. Tym bardziej że każda kolejna wersja była coraz bardziej dramatyczna, a radość, jaką dawało nam jej opowiadanie, coraz większa.

STWÓRCA OBDARZYŁ LUDZI
UMIEJĘTNOŚCIĄ CHODZENIA
MÓWIENIA, WIDZENIA
I SŁYSZENIA (...), ROBIENIA WIELU RZECZY. ALE
STWÓRCA NIE BYŁ ZADOWOLONY.
WRESZCIE SPRAWIŁ, ŻEBY
LUDZIE SIĘ ŚMIALI. A KIEDY SIĘ
ŚMIALI I ŚMIALI,
STWÓRCA POWIEDZIAŁ:
„TERAZ JESTEŚCIE ZDOLNI
DO ŻYCIA".

Tradycyjna opowieść Apaczów

SPOSÓB DZIEWIĄTY:

módl się

MODLITWA JEST POSTAWĄ
SERCA MOGĄCĄ PRZEMIENIAĆ WSZELKIE
DZIAŁANIE. (...) CHWILE, W KTÓRYCH
PIJEMY Z GŁĘBI
ŹRÓDŁA ZNACZENIA, TO CHWILE
MODLITWY, BEZ WZGLĘDU NA TO, CZY
JE TAK NAZYWAMY, CZY NIE.

David Steindl-Rast

Każdy rodzaj modlitwy może łagodzić stres. Pomaga ona w uzdrawianiu naszych emocjonalnych, fizycznych i duchowych dolegliwości. Udowadnia to studium przeprowadzone przez kardiologa w szpitalu kalifornijskim: z grupy 393 poważnie chorych na serce pacjentów, 192 - wybranych losowo - miało zostać poddanych specjalnej kuracji. Ich stan został szczegółowo opisany ludziom w całym kraju, których poproszono o modlitwę za ich zdrowie i odzyskanie sił. Powołano 5-, 7-osobowe grupy modlitewne - każda miała się codziennie modlić za jednego konkretnego pacjenta. Modlący mieli się skupić na modlitwach o ich uzdrowienie. Wybrani pacjenci nie zostali poinformowani o eksperymencie. Pozostali pacjenci mieli zapewnioną dobrą opiekę medyczną, ale nikt z uczestników studium się za nich nie modlił.

Dziesięć miesięcy później ludzie, za których się modlono, mieli znacznie mniej problemów z sercem czy obrzękiem płuc, a śmiertelność w tej grupie była mniejsza. Krótko mówiąc, modlitwa pomogła w polepszeniu stanu ich zdrowia.

Modlitwa pomaga w naszym życiu na wiele sposobów. Kiedy wyciszamy swój umysł i uspokajamy się, mądrość pozwala nam dostrzec wiele rzeczy - jak mówi chińska maksyma: „Kiedy uczeń będzie gotów, pojawi się nauczyciel". Modlitwa pomaga nam dostrzegać różne możliwości, a nasz świat się poszerza. Tak jak humor, modlitwa nas relaksuje, dając nam szansę uświadomienia sobie, że zawsze mamy wybór. Modlitwa odświeża naszego ducha i uwalnia od napięcia, które tak często w sobie nosimy.

Stare przysłowie przypomina: „Wichry łaski dmą nieustannie, musimy tylko rozwinąć swoje żagle". Modlitwa rozwija żagiel naszego ducha na oczekiwanie, że wiatry łaski popchną nas do bezpiecznego portu. U swych korzeni modlitwa po prostu oznacza bycie świadomym obecności Boga i naszą odpowiedź na tę świadomość.

Odpowiedź na sacrum może przybierać wiele form. Każdy modli się inaczej. Dla niektórych modlitwa ma charakter formalny - rytuały, recytacja modlitw, śpiewanie pieśni czy wyjątków z czytań. Dla innych modlitwa pojawia się spontanicznie w odpowiedzi na odkrywanie Boga w codziennych wydarzeniach. Niektórzy dziękują Stwórcy za zachwycający zachód słońca, uśmiech starca albo piękno twarzy dziecka.

Oczywiście modlitwa często jest naturalną odpowiedzią na zmartwienie. Pisarz John Deedy opowiada prawdziwą historię o rybaku, o którym każdy myślał, że zginął na morzu, zatopiony w nagłym sztormie. Inna łódź uratowała tego człowieka. Później reporter przeprowadził z nim wywiad.

„Bałeś się tam, zupełnie sam, zmarznięty i mokry?" - zapytał.

„Tak" - odpowiedział krótko człowiek morza.

Dziennikarz, nieco zdenerwowany tym, że jego rozmówca jest tak małomówny, próbował dalej: „Co robiłeś tam, na oceanie, w ciągu tych straszliwych godzin?".

„Modliłem się" - powiedział marynarz lakonicznie.

„Modliłeś się?" - powtórzył reporter. „Jak się modliłeś?".

„Och, wiesz. Zwyczajnie: Ojcze nasz i Zdrowaś Mario".

Gdy się czegoś boimy, jesteśmy samotni i zestresowani modlimy się najprościej, jak potrafimy. To pokazuje, że nie kontrolujemy wszechświata. Bez względu na formę, modlitwa otwiera nas na rzeczywistość, uświadamia, że jesteśmy częścią czegoś większego, niż słowa mogą wyrazić.

Modlitwa nie jest zachowaniem pasywnym, to nie złożenie prośby i oczekiwanie, że stanie się to, o co prosimy. Modlitwa jest aktywną odpowiedzią lub uznaniem obecności Ducha. To sposób zapraszania Świętego Przyjaciela do swego życia. Duch będzie nas wspierał i prowadził przez pogmatwane ścieżki stresu.

BO MIŁOSIERDZIE MA LUDZKIE SERCE,
LITOŚĆ MA LUDZKĄ TWARZ,
A MIŁOŚĆ LUDZKĄ
POSTAĆ BOSKĄ,
A POKÓJ LUDZKI PŁASZCZ.
TAM KAŻDY CZŁOWIEK, ZE WSZECH STRON,
CO MODLI SIĘ W UDRĘCE,
MODLI SIĘ DO LUDZKIEJ POSTACI BOSKIEJ,
MIŁOŚCI, MIŁOSIERDZIA,
LITOŚCI, POKOJU.

William Blake

Módl się

- Stwórz miejsce modlitwy. Może to być zwykły kącik w twojej sypialni, gdzie stanie stolik, na nim świeczka i Pismo Święte. Tym, co chcesz stworzyć, jest ciche, spokojne miejsce, w którym możesz zamknąć oczy i pozostawić na zewnątrz otaczające cię zamieszanie świata. Potem usiądź spokojnie na krześle i zamknij oczy. Przywołaj jakiś przyjemny obraz: ocean, góry, strumyk. Niech spokój tej sceny ogarnie twoje ciało. Potem po prostu mów i słuchaj Bożego Ducha, który w tobie mieszka.

- Usiądź i zacznij marzyć na jawie, podziwiaj wszechświat. Doceniaj cuda przyrody. Na dziękczynienie zaśpiewaj ulubiony hymn lub pieśń.
- W kłopotach proś Boga o pomoc. Módl się za krewnego lub przyjaciela. Mów prosto z serca, a zawsze zostaniesz usłyszany.
- Składaj dzięki za otaczające cię piękno i dobro.
- Jako modlitwę wdzięczności spełnij dobry uczynek lub spontanicznie okaż komuś życzliwość.

PODOBNIE TAKŻE DUCH
PRZYCHODZI Z POMOCĄ
NASZEJ SŁABOŚCI. GDY BOWIEM
NIE UMIEMY SIĘ MODLIĆ TAK, JAK TRZEBA,
SAM DUCH PRZYCZYNIA SIĘ ZA NAMI
W BŁAGANIACH,
KTÓRYCH NIE MOŻNA WYRAZIĆ
SŁOWAMI.
[Rz 8, 26]
Paweł z Tarsu

Bóg się zatroszczy

Obfite opady deszczu całkowicie zatopiły pewne małe miasteczko. Miejscowy ksiądz - młody i zdrowy - robił, co mógł, aby pomóc przeżywającym trudności mieszkańcom. Brnął po pas w wodzie, pomagając, gdzie tylko mógł. Jacyś robotnicy przybyli mu na pomoc w małej łódce, ale pracował sam, mówiąc: „Bóg się zatroszczy!”.

Później, kiedy poziom wody sięgnął mu klatki piersiowej, podpłynęła inna łódź. Pomógł on starszej kobiecie wejść na pokład, ale sam wejść nie chciał. Raz jeszcze z wielką ufnością powtórzył: „Bóg się zatroszczy!”. Wkrótce woda sięgnęła mu do szyi, zaczął mieć trudność z utrzymaniem równowagi. Tym razem przybyła helikopterem powietrzna załoga ratunkowa i uratowała dwoje ludzi, zabierając ich z dachu. Kiedy próbowali pomóc księdzu, ten nalegał, aby polecieli pomagać komuś innemu. I wciąż wołał: „Bóg się zatroszczy!”.

Kiedy odlecieli, ksiądz znalazł się pod wodą i utonął. Święty Piotr spotkał go u bram Nieba i zaprowadził na spotkanie z Bogiem. Ksiądz gorzko narzekał, że zrobił wszystko, co mógł, aby pomóc innym, a jednak sam nie został uratowany. „Złożyłem moją ufność w Tobie Boże” - powiedział. „Dlaczego nic nie zrobiłeś?”.

„Co chcesz powiedzieć przez to, że nic nie zrobiłem?” - zapytał Bóg. „Czy nie wysłałem po ciebie dwóch łodzi i helikoptera?!”.

Modlitwa często oferuje nam nowe sposoby radzenia sobie w różnych sytuacjach. Lecz może przynieść odpowiedzi, których się nie spodziewamy lub w nieznany nam sposób. Możemy polegać na opatrzności Bożej, lecz pomoc często przychodzi od ludzi zainspirowanych przez Boga.

MODLITWA NAPRAWDĘ JEST DOBRA.
LECZ WZYWAJĄC BÓSTWA,
CZŁOWIEK POWINIEN SAM SOBIE
POMÓC.

Hipokrates

W ręce Twoje

Nie widzieliśmy się, odkąd Gene przeprowadził się do San Francisco, toteż wchodząc do chińskiej restauracji, poczułem szczególną radość. Chociaż cieszyła mnie myśl o przepysznych krewetkach, soczystych krokietach i gorącej zupie ryżowej, to tym razem chciałem przede wszystkim spotkać się z moim przyjacielem, jednym z najstarszych, najdroższych przyjaciół. Wiedziałem, że miał za sobą trudny okres związany z małżeńskimi kłopotami. Właśnie miałem się dowiedzieć, jak trudny.

Gene zauważył mnie, gdy podchodziłem do stolika, szybko wstał - niemalże ściągając obrus - i objął mnie mocno. Lubiłem u niego tę wylewną czułość. Mierzący ponad sto dziewięćdziesiąt centymetrów i ważący ponad sto dwadzieścia kilogramów Gene był cięższy od niedźwiedzia, lecz w jego piersi biło jedno z najżyczliwszych i najmądrzejszych serc. Zauważyłem, że inni klienci gapili się na nas dwóch, ale zupełnie o to nie dbałem.

Gdy złożyliśmy zamówienie, nie chciałem tracić czasu, więc nie owijając w bawełnę, spytałem: „Dobra, stary przyjacielu, co się dzieje z tobą i Sharon? Jak rozmawialiśmy ostatnio, zdawało się, jakbyś był u kresu wytrzymałości".

„Cóż, wiesz, mieliśmy ciężki czas. Nie dokładnie «my». «My» nie istniało od lat. A ja nie mogłem już tego znieść, z dziećmi czy bez nich".

Gene spotkał Sharon dwadzieścia lat wcześniej. Pracował w szpitalu jako sanitariusz. Kilka lat starsza od niego Sharon była pielęgniarką na piętrze, na którym często pracował. Była poważna, stabilna i zachowywała się tak, jakby niczym zbytnio się nie przejmowała. Gene zaś pochodził ze zwariowanej rodziny i przepełniały go emocje, z którymi nie zawsze potrafił sobie poradzić. Wielu z nas nigdy nie żywiło szczególnej sympatii do Sharon, Gene ją kochał. Dziwiliśmy się, jak taki ciepły, nieco dziki facet jak Gene wpasuje się w relację z kimś tak od niego odmiennym. Przez kilka lat wydawało się, że wszystko jest w porządku.

Gene zmienił zawód i w ciągu kilku lat zdobył reputację jednego z najlepszych w kraju konsultantów do spraw biznesu. Podróżował, ucząc menadżerów strategicznego planowania i technik motywowania pracowników. Odkrył także, że jest dowcipny. Jego ekscentryczny humor i zrozumienie dla ludzkiej natury, wkomponowane w prezentacje, łamały lody i pomagały spiętym kierownikom mówić o trudnych sprawach. I Gene zaczął doceniać intuitywne i spontaniczne płaszczyzny swojego charakteru.

Niestety, kiedy świat Gene'a się poszerzał, świat Sharon się kurczył. Kiedy jego pensja była już tak wysoka, że można z niej było utrzymać rodzinę, Sharon oświadczyła, że chce skończyć z pielęgniarstwem i zostać w domu z trójką dzieci. To było dwanaście lat temu. Przez ten czas Gene zdał sobie sprawę z tego, że jego żona właściwie nie miała przyjaciół. Wychodziła z domu tylko wtedy, kiedy musiała załatwić jakieś sprawy związane ze szkołą. Jej świat kręcił się wokół karmienia dzieci, dbania o dom i dopingowania San Francisco 49ers [nazwa amerykańskiej drużyny futbolowej - przyp. tłum.]. Kiedy pytała go o pracę, Gene dostrzegał obojętność w jej oczach, gdy mówił o ludziach, których spotkał, i o miejscach, jakie odwiedził.

„Przestaliśmy spać razem wiele lat temu. Równie dobrze mogłem złożyć ślub czystości. Pewnej nocy zdałem sobie sprawę, że przez te wszystkie lata się okłamywałem. Nie kochaliśmy się. Chciała mieć dzieci, a to wymaga seksu. Kiedy na świecie pojawiła się nasza trójka, stało się całkiem jasne, że osiągnęła to, na czym jej zależało. Ta myśl była jednak łatwiejsza do zniesienia od jej obojętności i świadomości, w jak ograniczonym świecie żyje. Przysięgam, że zachęcałem ją, żeby odnowiła licencję pielęgniarską. Powiedziałem, że jeśli nie chce tego robić, to niech spróbuje zdobyć inny zawód. Po prostu nie chciała. Uśmiechała się i mówiła: »Pomyślę o tym«. Ale nic się nigdy nie zmieniało. Wiesz, jakie to przerażające zdać sobie sprawę, że kobieta, którą kochałeś, może mówić z entuzjazmem tylko o jakiejś głupiej drużynie futbolowej?".

Gene poradził sobie z tym tylko dzięki energii, którą czerpał z pracy. Podróże uwalniały go od obojętnych spojrzeń Sharon, jej braku uczucia i zaangażowania. Podróże oznaczały także, że Gene spotykał inteligentne, zdolne, urocze kobiety, według których był atrakcyjnym, interesującym mężczyzną, doskonałym materiałem na męża. Gene wyznał, że gniew na żonę spowodował, iż miewał poważne pokusy. Jednak zawsze miał nadzieję, że ich relacje jakoś się zmienią. No i były dzieci. Bez względu na to, jak źle się układało z Sharon, chciał je chronić.

„Wreszcie zasugerowałem jej, że potrzebujemy porady specjalisty. Wiesz, jak brzmiała jej odpowiedź: »Cóż, jeśli chcesz, żebym poszła z tobą, żebyś mógł porozmawiać o swoich problemach, to wiesz, że pójdę, Gene«. Nie miała pojęcia, o czym mówię, albo udawała.

Tak czy inaczej, miałem dość. Poczułem się beznadziejnie. Zacząłem budzić się w środku nocy rozgniewany. Przedtem źle sypiałem, ale teraz było tak co noc. Co miałem zrobić? Co z dziećmi? Co stałoby się z Sharon, gdybyśmy wzięli rozwód? Kto wziąłby dom? I tak dalej. Potem siedziałem w kuchni, płacząc.

Zdecydowałem, że potrzebuję rady profesjonalisty, nieważne, czy Sharon pójdzie ze mną, czy nie. Trochę to pomogło, ale prawdziwe źródło pomocy przyszło skądinąd. Wiesz, że zawsze w niedzielę chodziłem do kościoła. Poszedłem więc w Wielki Piątek i siedziałem tam z Sharon i dziećmi, kiedy lektor czytał słowa Jezusa z krzyża: »w ręce Twoje powierzam ducha mego«. To było tak, jakbym po raz pierwszy słyszał te słowa. Siedziałem tam oszołomiony.

Od tamtej pory, kiedy budziłem się w środku nocy i szedłem do kuchni, zaczynałem się modlić: »Boże, w ręce Twoje powierzam ducha mego«. Modliłem się tak w kółko. Wracałem do łóżka i spałem jak kamień. Z czasem przestałem wychodzić z łóżka - kiedy się budziłem, po prostu zaczynałem się modlić tymi słowami i wkrótce znowu zasypiałem. Potem w ciągu dnia, gdy coś skłaniało mnie do myślenia i do zbesztania Sharon, odmawiałem swoją modlitwę i było dobrze".

Po tym wspólnym obiedzie nasz kontakt się urwał. Dowiedziałem się, że trzy lata potem, jak jego najmłodsze dziecko wyjechało na uczelnię, wniósł pozew o rozwód. Te trzy lata pozwoliły mu załatwić pewne sprawy i oswoić dzieci z myślą o rozstaniu rodziców.

Wkrótce dostałem kartkę na Boże Narodzenie. „Cóż, amigo" - napisał Gene. „Nie wiem, co przyniesie przyszłość. Może spotkam właściwą kobietę. Jestem o to spokojny. Po tych wszystkich latach »powierzania mego ducha« czuję jednak o wiele większy pokój".

NIECH NIC CIĘ NIE WZBURZA,
NIECH NIC CIĘ NIE PRZERAŻA;
WSZYSTKO PRZEMIJA,
A BÓG TRWA NIEZMIENNIE.
CIERPLIWOŚĆ OSIĄGA WSZYSTKO.
KTO BOGA POSIADŁ, TEN SIĘ NIE ROZCZARUJE;
TYLKO BÓG WYSTARCZA.

Teresa z Avila

SPOSÓB DZIESIĄTY:

zrzuć negatywny bagaż

MĄDRY CZŁOWIEK WIDZI TYLE,
ILE POWINIEN,
NIE TYLE, ILE TYLKO MOŻE.
Montaigne

Trzymanie się dawnych ran, złości i rozczarowań sprawia, że blokujemy się w „wyżymarce" stresu, zmartwienia i lęku. Musimy się tego pozbyć i wybrać życie w chwili obecnej, która jest pełna potrzebnej nam łaski. Ten negatywny bagaż przygniata nas i pozbawia ducha. Niestety, możemy go nieść niemalże nieświadomie. Spostrzegamy to dopiero, gdy się do niego przyzwyczajamy, a jak uczy doświadczenie: „Jedyną różnicą między koleiną a grobem jest głębokość".

Każdy zna ludzi, którzy mu przypominają o czymś, co zwykł robić, lub o czymś, co miało miejsce kilka lat wstecz. Wszyscy musimy to zostawić i iść dalej. Jeśli pozostaniemy w miejscu, uschniemy i umrzemy.

Stary bagaż ogranicza naszą percepcję i oślepia nas tak bardzo, tak że nie wiemy, jak iść naprzód. W końcu stanie się to przeszkodą w realizacji naszych osobistych celów. Takie ograniczone widzenie wywołuje rozłamy między członkami rodziny i kolegami, przeszkadzając budowaniu pełnych i zdrowych relacji. Mamy tendencję do ograniczania własnego rozwoju, czasem do autodestrukcji.

Kiedy porzucamy przygnębiające wspomnienia i wszystko to, co łączy nas z bolesnymi momentami w przeszłości, dostrzegamy, w czym tkwią nasza prawdziwa moc i wolność. Jesteśmy wezwani, by rozkwitać, wzrastać i stawać się na nowo. Życie jest procesem nieustannego otwierania się na to, co jest, i na to, co może być. Przyczepianie się do tego, co było, jest drogą prowadzącą w jednym kierunku. Nikt nie może zmienić dnia wczorajszego. Nie możemy zawrócić tego, co powiedzieliśmy, ani zmienić tego, co zrobiliśmy. Wszystko, co możemy uczynić, to rozpoczynać na nowo każdy dzień.

Porzucanie starych sporów, dawnych zranień i gorzkich historii wymaga świadomego wysiłku. Czasem mamy skłonności do śledzenia negatywnego bagażu niczym turyści pilnujący swoich walizek czy toreb golfowych na ruchliwym lotnisku. W przeciwieństwie do nich nasza podróż przez życie o wiele bardziej by nas cieszyła, gdybyśmy nie taszczyli ze sobą wszystkich tych śmieci. Jednak musimy spojrzeć na ten bagaż, nazwać go, uznać za swój, zdecydować, że już go więcej nie chcemy i wyrzucić go. Mark Twain daje nam taką radę: „Oderwij swoje myśli od swych kłopotów - za pomocą uszu, nóg czy w jakikolwiek inny sposób. To najzdrowsza rzecz, jaką może zrobić ciało".

JEDNĄ Z RZECZY, JAKICH SIĘ NAUCZYŁAM,
BYŁO TO, ŻE ZNIECHĘCANIE SIĘ NIE POPŁACA.
ZAJĘCIE SIĘ CZYMŚ I OPTYMISTYCZNE PODEJŚCIE DO ŻYCIA
MOŻE PRZYWRÓCIĆ CI WIARĘ W SIEBIE.

Lucille Ball

Zrzuć negatywny bagaż

- Ucz się wsłuchiwać we własne wnętrze. Nie tłum swych myśli. Niech przychodzą, biegną swoim torem, a potem niech odchodzą. Może dać im zbyt wiele mocy, jeżeli je zatrzymamy.

- Powiedz komuś o negatywnym bagażu, który nosisz w sobie, ale nie opowiadaj każdemu, kogo spotkasz, o swoich problemach z przeszłości. Jeśli tak robisz, to tylko powtarzasz tamtą sytuację, a to niczego nigdy nie rozwiązuje. Jeśli zauważysz, że podczas spotkań z osobą, której powierzyłeś swoje tajemnice, zbyt często wracasz do złych doświadczeń z przeszłości, zastanów się, czy nie warto wybrać się do profesjonalnego psychologa.
- Dowiedz się, gdzie możesz uzyskać pomoc. Zdrowa osoba może prosić o to, czego potrzebuje. Twój poziom stresu może się okazać niezdrowy, a wtedy może będziesz musiał udać się do profesjonalisty zajmującego się zdrowiem psychicznym, aby pomógł ci radzić sobie ze stresem i lękami. Skontaktuj się ze swoim pastorem, księdzem czy rabinem, jeśli nie jesteś w stanie iść do terapeuty.
- Mów o sobie dobrze. Czasem nie możemy wydostać się z dołka, ponieważ ciągle sami się oskarżamy, wspominając popełnione przez nas błędy i sytuacje, w których coś poszło nie tak, jak tego chcieliśmy. Afirmacja własnej osoby może nam pomóc w zachowaniu równowagi. Stwórz listę swoich zalet, talentów, darów, zdolności. Czytaj ją regularnie.
- Kiedy nosimy w sobie dawne złości czy zranienia, to jedynymi osobami obciążonymi ich wagą jesteśmy my, którzy się ich trzymamy. Możemy pozwalać odejść tej złości, pisząc listy, których nigdy nie wyślemy, do tych ludzi, którym chcemy coś powiedzieć. Zaadresuj je do danej osoby, a potem pisz i pisz, i pisz - ortografia i interpunkcja się nie liczą! Ważne jest to, abyś zapisał wszystkie swoje myśli i uczucia, a w konsekwencji uwolnił złość i odrzucił zranienia. Kiedy skończysz pisać taki list, powinieneś go przeczytać. Zaskoczy cię własny charakter pisma. Może cię także zdziwić to, co napisałeś. Potem zastosuj rytuał pożegnania: podrzyj list na miliony kawałeczków albo spal go kawałek po kawałku.

Rwąc lub paląc, powiedz coś w rodzaju: „Czyniąc to, pozwalam, aby tamten bolesny czas odszedł. Uwalniam się do nowego życia". Ważne jest to, że napisałeś ten list i pozwól odejść tamtym uczuciom. Celem jest pozbycie się tego bólu, aby nie niszczył już więcej naszego życia.

NIGDY NIE JESTEŚMY SZCZĘŚLIWI
PRZEZ TYSIĄC DNI,
KWIAT NIGDY NIE KWITNIE PRZEZ STO.
Przysłowie chińskie

Zabawa w Świętego Mikołaja

Kiedyś podczas świąt Bożego Narodzenia udałem się z Telephone Pioneers, organizacją usługową sponsorowaną przez stanową firmę nowojorską, do Nowego Jorku, aby zagrać rolę Świętego Mikołaja. Nasza osiemdziesiątka wsiadła do dwóch autobusów, by rozpocząć podróż do miasta. Kiedy wjechaliśmy na przedmieścia, autobusy zatrzymały się na parkingu i każdy z nas dostał strój Mikołaja. Powiedziano nam, żebyśmy je założyli, ponieważ później nie będziemy mieli dość czasu.

Każdy z nas umówił się z Telephone Pioneers, że pójdziemy wszędzie, gdzie nas poproszą. Może będzie to szpital, więzienie, sierociniec. To naprawdę nie miało dla mnie znaczenia. Cieszyłem się, że mogłem być Mikołajem.

Gdy przybyliśmy do miasta, powiedziano nam, że jedziemy do Harlemu, do szpitala miejskiego. Kiedy wchodziliśmy do holu, witały nas uśmiechy. Nikt głośno nie wyrażał zdziwienia, że zobaczył aż osiemdziesięciu Mikołajów.

Przywitali nas przedstawiciele dyrekcji szpitala i zapytali, kto z nas zechciałby pójść na oddział psychiatryczny. Zgłosiłem się na ochotnika. Ponieważ było tak wielu Mikołajów, wysłano nas w grupach - po czterech na każdy oddział. Przydzielono mnie do sal, gdzie leżała dorastająca młodzież.

Kiedy otworzyli drzwi, usłyszeliśmy głośną muzykę i zobaczyliśmy kilkoro nastolatków przechadzających się po pokoju. Przeszedłem dookoła, rozmawiając z kilkoma pacjentami, a potem zauważyłem dziewczynkę, która stała samotnie po drugiej stronie pokoju. Była ubrana w szpitalny strój, co pozwalało sądzić, że była tu od niedawna.

Podszedłem do niej. „Jak długo tu jesteś?".

„Od wczoraj".

„To chyba trudne. Nie znasz tutejszego rozkładu zajęć. Jestem pewien, że nie znasz nawet imion wielu ludzi".

Skinęła głową, potem usiadła. Usiadłem na krześle obok niej. Kontynuowaliśmy rozmowę.

„Jak masz na imię?".

„Victoria" - odpowiedziała.

„Jakie piękne imię". Na jej twarzy pojawił się piękny uśmiech.

„Jaki masz wspaniały uśmiech".

Uśmiech zniknął.

„Victorio, dlaczego przestałaś się uśmiechać? Uśmiech może ci pomóc. Uśmiechy pomagają nam czuć się lepiej".

Victoria spojrzała na mnie i zaczęła mówić - o swojej rodzinie i o kłopotach, które spowodowały, że znalazła się w tym szpitalu. W ciągu dziesięciu minut powiedziała wiele o swoim czternastoletnim życiu. Na jej twarzy znów pojawił się piękny uśmiech.

„Victorio, musisz się uśmiechać. Nawet jeśli nie masz na to ochoty, uśmiechanie się sprawia, że czujesz się lepiej".

„Nie wiedziałam". Potem szybko wstała z krzesła i odeszła.

Byłem tam, aby przynieść trochę radości dla młodzieży, i tak spotkałem Nicole, nieco młodszą od pozostałych dziewczynę, która stała z boku.

Była gadatliwą jedenastolatką zdającą się dzielić ze mną wszystkimi swoimi myślami. Przebywała na oddziale od dwóch miesięcy i znała już tutejsze zwyczaje. Rozmowa z Mikołajem wyraźnie sprawiała jej przyjemność. Pytała o mojego renifera i o śnieg na biegunie północnym. Potem zaproponowała, że pokaże mi gazetkę ścienną, na której umieszczono rysunki moich sani i renifera. Wiedziałem, że „droczyła się" trochę ze swoją wiarą w Mikołaja, ale podjąłem tę grę.

Zaprowadziła mnie do innej części oddziału, gdzie zobaczyłem gazetkę. Zatrzymałem się oczarowany i każdego renifera nazwałem po imieniu. Byłem wdzięczny, że w autobusie śpiewaliśmy *Rudolfa z czerwonym nosem*, bo właśnie wtedy przypomniałem sobie te imiona.

Zanim opuściłem Nicole, spytałem ją, co powinna zrobić, nad czym popracować, żeby móc wyjść ze szpitala.

Bez wahania powiedziała: „Muszę przestać próbować się zabić".

„Nicole, chcę, żebyś mi obiecała, że nigdy nie będziesz już próbowała się zabić" - odrzekłem.

Natychmiast mi to obiecała. Ale kontynuowałem. „Nie, nie możesz tak szybko obiecać. I nigdy nie obiecuj Mikołajowi czegoś, czego nie zamierzasz dotrzymać. Nicole, chcę, żebyś każdego poranka wstawała i mówiła: »Jestem dobrą osobą. Zamierzam o siebie zadbać. Zamierzam siebie polubić«".

Spojrzała na mnie swoimi pięknymi brązowymi oczami i cichutko powtórzyła moje słowa.

W tym samym momencie przez głośniki szpitalne podano komunikat: „Wzywamy wszystkich Mikołajów. Prosimy o natychmiastowe spotkanie w autobusie".

Musieliśmy odejść. Moje ciało odeszło, ale moje serce i umysł zostało z nimi. Wsiadłem do autobusu, zastanawiając się, dlaczego nie mogliśmy zostać tam cały dzień. Pojechaliśmy na obiad i przyłączyliśmy się do innych Mikołajów uczestniczących w nowojorskiej paradzie bożonarodzeniowej. Wróciłem do Albany tamtego wieczoru z Nicole i Victorią w moim sercu. Być może kilka minut z Mikołajem mogło poruszyć ich serca. Może Mikołaj zostawił im jakiś prezent, który pomoże im porzucić ich rózgi.

NIE CHOWAJ URAZY.
GDY JESTEŚ URAŻONY,
KTOŚ INNY BALUJE NA IMPREZIE.
Buddy Hackett

Pomyłka z bagażem

Wygłosiłam właśnie odczyt w Dubuque w stanie Iowa. Pierwszy przystanek w drodze do Chicago miałam w La Crosse w stanie Wisconsin. Samolot był tak mały, że nie mogliśmy zabrać bagażu podręcznego do środka, lecz musielibyśmy zostawić go na zewnątrz i wziąć pokwitowanie. Po wylądowaniu mieliśmy odzyskać nasze bagaże i zabrać je na następny samolot.

Kiedy przybyliśmy na chicagowskie O'Hare, spostrzegłam, że nasze walizki były umieszczone wzdłuż boku samolotu, a kilka z nich było identycznych. Byłam ostatnią osobą, która opuściła samolot. Czekała na mnie tylko jedna torba. Wyglądała tak samo jak moja, tylko że ta miała kłódkę. Moja takiej nie miała.

Zapytałam bagażowego, co powinnam zrobić w takiej sytuacji. Poradził, żebym poprosiła, aby przez mikrofon wezwano właściciela torby z kłódką. I rzeczywiście, na moją prośbę ogłoszono: „Robert Martin, Robert Martin. Proszę wrócić do terminalu G-8. Robert Martin. Proszę wrócić do G-8".

Za jakieś dziesięć minut podeszłam do biurka i spytałam, czy można powtórzyć wezwanie. Tym razem nadano wiadomość także do terminali K i H. Pani z obsługi lotniska znalazła nazwisko Roberta Martina w komputerze i powiedziała, że jedzie on do Fort Lauderdale, a jego samolot odlatuje o 5.30 z wejścia H-1, z innego terminalu. Była dopiero 3.30, a mój samolot miał za godzinę wylecieć do Albany.

Zaczęłam iść w kierunku terminalu H. Chicagowskie lotnisko O'Hare jest ogromne, a ja zatrzymywałam się w każdym sklepie, barze, przy każdym stoisku czyścibutów i każdej restauracji, które mijałam. Przemierzyłam całą trasę, rozglądając się wokół w poszukiwaniu mojej walizki. Od czasu do czasu nawet wołałam: „Robert Martin! Robert Martin!".

Przybywszy do H-1, podeszłam do stanowiska, gdzie sprawdzano bilety i zapytałam obsługującego je pana, czy mógłby wezwać Roberta Martina. Wyjaśniłam mu swoją sytuację, a on próbował pomóc. „Jeśli Robert Martin siedzi w poczekalni, prosimy o natychmiastowe podejście do biurka". Czekałam. Roberta Martina nie było.

Spoglądając na zegarek i zdając sobie sprawę, że jeżeli nie wrócę do swojego wejścia, to spóźnię się na samolot, ruszyłam z powrotem. Mijając grupę około pięciu mężczyzn, usłyszałam, jak jeden powiedział: „Ciągle wzywają Martina. Ciekawe, czego od niego chcą".

Obróciłam się i zapytałam: „Zna pan Roberta Martina? Szukam go, ponieważ ma moją walizkę. Są w niej moje kluczyki do samochodu".

Jeden z panów powiedział, że Robert Martin był w sali dla VIP-ów. Pobiegłam z powrotem do terminalu H-1 z prośbą, aby zadzwoniono do sali VIP-ów i poproszono, aby Martin przyniósł mój bagaż. Nie tracąc jeszcze nadziei, zaczęłam podążać w stronę terminalu, z którego miał odlecieć mój samolot. Przypomniałam sobie wszystkie zasady dotyczące radzenia sobie ze stresem, których uczę innych. „Co najgorszego może się stać? Mój bagaż przybędzie dzień później. Co prawda w tej walizce są kluczyki do samochodu, ale znam w Albany kilka osób, do których mogłabym zadzwonić i poprosić, aby odwieźli mnie do domu".

Byłam już przy wyjściu do hali odlotów, kiedy ujrzałam mijającego mnie dość szybko mężczyznę, ciągnącego moją walizkę. „Robert Martin!" - zawołałam. Zamarł w bezruchu. Mówiłam dalej: „Przez pomyłkę wziął pan moją walizkę. Wygląda tak jak pańska, ale pan ma kłódkę, a ja nie". Całą scenę widzieli pracownicy lotniska, do których zwracałam się o pomoc, i wyraźnie się ucieszyli. Pan Martin zaczął wyjaśniać, co się stało. Przerwałam mu, mówiąc: „Pomyłki się zdarzają. Nic nie szkodzi. Chciałam tylko odzyskać swoją walizkę, ponieważ są w niej kluczyki do samochodu".

Jednak pan Martin ciągnął dalej: „Nie wziąłem celowo pani walizki i niczego z niej nie wyjąłem. Nawet jej nie otworzyłem ani razu. Proszę sprawdzić teraz w obecności tych wszystkich ludzi z linii lotniczych. Przekona się pani. Niczego nie wziąłem".

Powiedziałam, że nie ma potrzeby. Przecież o nic go nie oskarżałam. Zażartowałam nawet: „Gdyby otworzył pan moją walizkę, znalazłby pan jedynie moje brudne ubrania do prania!".

Lecąc tamtego popołudnia do domu, było mi smutno. Smutno, ze pan Martin od razu pomyślał, że mu nie ufam. Ciekawa byłam, czego doświadczył w życiu, że zareagował w taki sposób. Byłam ciekawa, jaki bagaż - nie podróżny, lecz psychologiczny - powinien za sobą zostawić. Kto mu nie ufał? Jak osądzano go w przeszłości? Jak to się stało, że był taki nieufny wobec innych? Odnalazł swoją walizkę, ale byłam pewna, że nie była ona tak ciężka jak jego bagaż negatywnych emocji.

JEDYNYM MIEJSCEM - POZA NIEBEM -
GDZIE MOŻESZ BYĆ ZUPEŁNIE BEZPIECZNY
OD WSZELKICH NIEBEZPIECZEŃSTW
MIŁOŚCI (...), JEST PIEKŁO.

C.S. Lewis

SPOSÓB JEDENASTY:

po prostu powiedz „nie"

MÓWIENIE „NIE" MOŻE BYĆ NAJLEPSZYM SPOSOBEM DBANIA O SIEBIE.
Claudia Black

W obecnych czasach kryzysu firmy próbują wyprodukować więcej, jednocześnie redukując zatrudnienie i wydatki. To powoduje, że pracownicy pozostają pod ciągłą presją - pracy w nadgodzinach i większych oczekiwań ze strony pracodawców. Wiele napięć wywołanych jest tym, że pracownicy nie wiedzą, w jakich godzinach i jak długo będą pracować następnego dnia, muszą być ciągle dyspozycyjni, a podanie o wolny dzień czy urlop są w firmie źle widziane. Na to nakładają się częste zmiany przepisów i brak przejrzystego celu pracy. Wykańcza nas konieczność dotrzymywania terminów. Tymczasem poczucie bezpieczeństwa związane ze stabilnością zatrudnienia zniknęło w erze „kropka com".

Jeżeli chcemy uwolnić się od stresujących przyzwyczajeń, musimy nauczyć się mówić proste słowo: „Nie". Musimy zacząć kontrolować swój kalendarz. Mówienie „nie" wobec konieczności ciągłych spotkań i innych wymagań naszych czasów może nam pomóc w zredukowaniu stresu Musimy pamiętać, że nie możemy wszystkiego zrobić w jednej chwili, natychmiast. „Nie" bywa właściwą odpowiedzią - przynosi wolność odpowiadającemu i uwalnia od napięcia.

Niektórzy z nas mają trudności z mówieniem „nie", ponieważ obawiamy się, że odmawiając, stracimy sympatię ludzi. Jednak jak powiedział mitoznawca, profesor Joseph Campbell: „Jezus powiedział, aby kochać swoich wrogów, nie powiedział, żeby ich nie mieć".

Niektórzy wierzą, że mówienie „nie" jest samolubne i niegrzeczne, ale mówienie „tak", kiedy chcesz powiedzieć „nie", powoduje, że zaczynasz mieć dla siebie coraz mniej szacunku. Ludzie, którzy są zmuszani do powiedzenia „tak", stają się sfrustrowani. Po jakimś czasie mają już dość stawiania spraw innych w pierwszym rzędzie. Ci, którzy wciąż powtarzają „tak", zaczynają myśleć, że inni są ważniejsi, a to źle wpływa na relacje międzyludzkie. Zaczynają lękać się przebywania z ludźmi, którzy zdają się nie szanować ich czasu, a jedynie zaspokajają swoje potrzeby. Czując, że nie panują nad sytuacją i stałe dogadzanie innym jest ponad ich siły, pragną uniknąć przebywania z takimi wymagającymi osobami.

Tymczasem większość ludzi jest w stanie zaakceptować szczere „nie" i zrozumieć, że ich potrzeby muszą czasem zejść na dalszy plan. Niezwykle istotne jest, abyśmy panowali nad osobą, którą widzimy w lustrze. Musimy znać własne potrzeby i wierzyć, że jesteśmy wartościowymi osobami. Mamy prawo decydować o własnym czasie.

Czasem trudno jest mówić „nie". Ludzie, którzy spełniają zachcianki innych, najchętniej uciekliby od sytuacji, w której muszą odmówić. Lecz nieustanne godzenie się na to, aby potrzeby innych były ważniejsze, podnosi poziom stresu i niepokoju. W końcu kto chce pozostać w towarzystwie kogoś, kto nie szanuje naszych potrzeb albo traktuje nas jak pracującego w nadgodzinach?

Najtrudniejszą częścią uczenia się sztuki mówienia „nie" jest zrobienie pierwszego kroku. Początkowo niemalże dusimy się, kiedy mamy wypowiedzieć to słowo. Antycypujemy wszystko, co najgorsze, i spodziewamy się, że osoba, której odmówimy, będzie wobec nas niemiła. Jesteśmy zdumieni, kiedy okaże się, że ona to akceptuje.

W uczeniu się mówienia „nie" mogą pomóc trzy wskazówki. Po pierwsze: udzielaj odpowiedzi krótko i zwięźle. Wahanie albo chaotyczne wypowiedzi często świadczą o niepewności. Kiedy wiesz, że powinieneś powiedzieć „nie", zrób to pewnie.

Po drugie, jeżeli wiesz, że w przyszłości mógłbyś być zainteresowany przyjęciem zaproszenia czy uczestnictwem w danym zajęciu, zwyczajnie powiedz to drugiej osobie: „Dziękuję, że o mnie pomyślałeś, ale nie mogę teraz tego zrobić. Jeśli kiedyś jeszcze raz pojawi się taka możliwość, proszę, nie wahaj się zapytać mnie ponownie". Albo: „Nie, nie będę mógł się z tobą spotkać na obiedzie w poniedziałek. Ale dziękuję, że mnie zapytałeś". Mówisz stanowczo „nie", ale nie palisz za sobą mostów.

Trzecią zasadą jest oddzielenie prośby od osoby. Może być trudno powiedzieć „nie" komuś, kogo kochasz, kogo się boisz albo od kogo jesteś zależny, ale musisz pamiętać, że odpowiadasz na prośbę, a nie odrzucasz osobę.

WASZE „TAK" NIECH BĘDZIE „TAK",
A „NIE" NIECH BĘDZIE „NIE".
List św Jakuba Apostoła [5, 12]

Po prostu powiedz „nie"

- Stań przed lustrem i spójrz sobie w oczy. Wymów po cichu słowo „nie". Powtórz pięciokrotnie. Teraz wymów je nieco głośniej. Powtórz pięciokrotnie. Jeśli czujesz opór, wymawiając „nie", ćwicz dopóki, dopóty wymawianie go przestanie ci sprawiać trudność.

- Przypomnij sobie, kiedy odpowiedziałeś „nie". Co się stało? Czy były jakieś poważne konsekwencje? Czy w ogóle jakiekolwiek były?
- Oprócz mówienia „nie" innym, jest także ważne mówienie „nie" samemu sobie, np.:
  - „nie" na dodatkowy kawałek czekolady,
  - „nie" na kolejny drink,
  - „nie" przeznaczaniu całej pensji na gry hazardowe.
- Łagodne, wytrwałe powtarzanie swojego „nie" jest także bardzo skuteczne, np. „Nie, nie możesz iść do centrum handlowego". Kiedy dziecko prosi ponownie, po prostu powtórz łagodnym, spokojnym głosem: „Nie, nie możesz iść do centrum handlowego" (takie powtarzanie prostego zdania nazywa się metodą „zdartej płyty").
- Przypomnij sobie sytuacje z niedawnej przeszłości, w których powiedziałeś „tak", a kiedy tak naprawdę stanowczo chciałeś powiedzieć: „nie". Pomyśl o dodatkowych problemach, jakie wywoła twoja odpowiedź.

NIECH CI, KTÓRZY NAS KOCHAJĄ, KOCHAJĄ NAS.
A BÓG NIECH PRZEMIENI SERCA TYCH,
KTÓRZY NAS NIE KOCHAJĄ.
A JEŚLI BÓG NIE ZMIENI ICH SERC,
NIECH PRZEKRĘCI IM KOSTKI,
ABYŚMY POZNAWALI ICH PO TYM, JAK KULEJĄ.

Z celtyckiej mądrości ludowej

Wyprawa narciarska

„Pożałowałem swojej decyzji w chwili, gdy moja córka tamtego wieczoru wyszła z domu" - wspominał Don Burlingame, ojciec piętnastoletniej Amandy, kilka dni po tym, jak pozwolił jej w piątkowy wieczór pojechać z przyjaciółmi na narty na miejscowy stok.

Amanda była dobrą narciarką; Don sam ją uczył. Już wcześniej wyjeżdżała bez rodziców na narty, ale zawsze były to wyjazdy organizowane przez szkolny klub narciarski, który zapewniał profesjonalną opiekę.

Amanda była grzeczną nastolatką, bardzo dobrze się uczyła i angażowała się w działalność kościelnej grupy młodzieżowej. Don wiedział, że nie przepadała za imprezami. Był też spokojny o jej przyjaciół: szesnastolatków Roya i Meg oraz piętnastoletniego Josha - wierzył, że nie będą pić alkoholu ani nie zrobią nic nielegalnego.

„Jednak kiedy patrzyłem przez okno, jak odjeżdżali, czułem, że to nie była dobra decyzja. Chociaż ufałem Amandzie i jej przyjaciołom, wierzyłem, że będą podejmować dobre decyzje, nie mogłem przestać myśleć o wszystkich innych szaleńcach, którzy byli na drodze i na stokach w taki piątkowy wieczór".

Don opowiedział, jak Amanda pytała, czy może wyjść. „Najpierw rozmawiała z mamą. Laura jest oczarowana przyjacielem Amandy, Joshem. Myślę, że obydwie myślały o tym wyjściu jako o czymś w rodzaju niewinnej pierwszej randki. Kiedy w poniedziałkowy wieczór zapytały, co sądzę o tym pomyśle, nie musiały mnie długo przekonywać".

Amanda wraz z przyjaciółmi wyjechali spod domu Dona o 18.30. Amanda miała zadzwonić, kiedy dojadą na miejsce, a potem około 23, kiedy zwykle zamykali stok. I tak się też stało. Do tej chwili wszystko szło zgodnie z planem.

„Kiedy zegar wybił północ, a mojej córki jeszcze nie było w domu, zacząłem sobie wyobrażać najgorsze" - mówił Don.

Telefon zadzwonił 17 minut po północy. Don i Laura byli u kresu wytrzymałości nerwowej.

„Panie Burlingame, był wypadek" - poinformował policjant stanowy. „Ale wszyscy czują się dobrze".

Jednak Don usłyszał tylko pierwszą część zdania: był wypadek. To, co czuł w tym momencie, to była mieszanka strachu, gniewu i żalu. Ale przede wszystkim przepełniała go miłość do córki. Musiał do niej dotrzeć.

Kiedy Don i Laura przybyli na miejsce, tylko dziesięć minut od ich domu ujrzeli dwa obrazy: sportowy wóz Roya leżący w przydrożnym rowie i zalaną łzami Amandę, która biegła do nich, żeby się przytulić.

Przyczyną wypadku był jeleń, który nagle pojawił się na drodze, Roy gwałtownie skręcił i samochód wylądował w rowie. Na szczęście żaden z pasażerów nie odniósł poważnych obrażeń.

Kilka dni po tym wydarzeniu Don powiedział: „Wiem, że nie mogę być nadopiekuńczy. Muszę dawać Amandzie wolność w dokonywaniu wyborów. Z drugiej strony ciągle za nią odpowiadam: prawnie, moralnie i emocjonalnie. Następnym razem, kiedy będę czuł, że coś jest nie tak, myślę, że skorzystam z mojego ojcowskiego prawa i powiem »nie«".

Michael Maestas

NIE MOGĘ DAĆ CI PRZEPISU
NA SUKCES.
MOGĘ DAĆ NA NIEPOWODZENIE:
PRÓBUJ ZADOWALAĆ
KAŻDEGO.

Bill Cosby

Przemierzając nowe terytorium

Wielu kolegów z liceum zazdrościło mi, że przez całe lato mogę pracować w arkansaskich górach Ozark. Już drugi rok pracowałem jako opiekun na obozie skautów. Uwielbiałem pływać canoe i uczyć dzieciaki tych wszystkich umiejętności, które posiadłem jako skaut. I byłem w tym dobry. Głównym powodem, dla którego zostałem później nauczycielem, było to, że odniosłem sukces jako opiekun na obozie. Ale wszystko mogło być zupełnie inaczej, gdybym wiedział to, co wiem teraz - że był to przełomowy okres w moim życiu.

Byłem siedemnastolatkiem, ale zatrudniono mnie jako asystenta dyrektora programu, Terry'ego. Miał dwadzieścia pięć lat i podobnie jak większość innych pracowników był studentem. To, że zaufano mi, powierzając takie obowiązki, było dla mnie dużym zastrzykiem pewności siebie, ale fakt, że byłem młodszy od nich wszystkich, sprawiał, że nie czułem się do końca pewny. Kilku z nich nie było zbyt zadowolonych, że to właśnie mnie wybrano na asystenta. Większość jednak mnie szanowała i współpracowała ze mną. Mimo to czasami wątpiłem w swoje możliwości.

Pewnego lipcowego dnia dwóch drużynowych poprosiło mnie o poprowadzenie chłopców z ich drużyn przez ośmiokilometrową trasę w okolicach obozu. Miałem wątpliwości, czy to dobry pomysł. Pokazałem im tę trasę na mapie topograficznej. Prowadziła przez strome zbocza i nierówności terenu. Powiedziałem, że moim zdaniem młodsze dzieci nie poradzą sobie na takiej wyprawie. Oni nalegali, ale i ja nie chciałem ustąpić. Rozzłoszczeni, powiedzieli o całej sytuacji kierownikowi obozu, sugerując, że powinien kazać mi poprowadzić tę wyprawę.

Terry powiedział po prostu: „Ach, idź naprzód. Będą tego żałować". Pomyślałem, że może nie będzie tak źle, ale z pewnością, przynajmniej dla niektórych skautów, będzie to bardzo nieprzyjemne doświadczenie.

Wyruszyliśmy następnego dnia zaraz po obiedzie. Zmierzając w kierunku lasku, zauważyłem, że wielu chłopców ubrało szorty, mimo że im to odradzałem z powodu trującego bluszczu i mnóstwa pełzających i czołgających stworzeń. Niektórzy - mimo moich napomnień - nie zabrali też menażek. Ukrywałem swój gniew, uważałem, że dorośli byli odpowiedzialni i powinni wiedzieć lepiej.

Przez pierwsze pięć kilometrów szło nam się całkiem dobrze. Teren był - tak jak mówiłem - dość wyboisty, a wzgórza strome, dzieciaki szły z trudem, ale wytrwale. Zrobiliśmy postój w miejscu, z którego mieliśmy widok na zakole rzeki Spring. Przed nami rozpościerały się zielone wzgórza i łąki. Z dołu dochodził nas odgłos chlupiącej, rwącej rzeki.

„Carl, dwóch chłopców okropnie poparzyło się bluszczem. Niedobrze z nimi. Co zrobisz?" - twarz zastępowego skautów była czerwona od słońca i gniewu. Patrzył prosto na mnie. Odpowiedziałem mu, co trzeba.

Spojrzałem na chłopców. Żaden nie miał długich spodni i obaj byli pokryci czerwonymi prążkami. Musieli być mocno uczuleni skoro objawy pokazały się tak szybko.

Dwóch zastępowych nie przestawało mnie gnębić: „Nie mówiłeś, że to będzie taka trudna wspinaczka. Te dzieciaki muszą wrócić i iść do lekarza. Tam na dole jest droga. Idźmy nią". Wciąż powstrzymywałem gniew, żeby nie doprowadzić do kłótni, ale wszystko wrzało we mnie ze złości, strachu i poczucia winy.

Wyciągnąłem mapę topograficzną i pokazałem im, że tamta droga wygląda na łatwiejszą, ale jeśli ją wybierzemy, będzie to oznaczało dodatkowe pięć kilometrów. Od obozu dzieliły nas jeszcze trzy kilometry. „Poza tym" - powiedziałem - „teren, którym mamy przejść do obozu, stopniowo się wyrównuje, będzie więc łatwiejszy do przejścia".

Kompletnie nie słuchali moich argumentów. „Cóż, jesteśmy od ciebie wyżsi stopniem i zamierzamy przeprowadzić dzieciaki tamtą drogą". Przekazali chłopcom swoją decyzję. Ci spojrzeli na mnie zdezorientowani - nie wiedzieli, kto w tym sporze ma rację. W końcu poddałem się: „Dobrze, chodźmy" - powiedziałem.

Dalszy ciąg trasy przypominał koszmar. Żeby dojść do drogi, musieliśmy przejść przez rzekę. Oczywiście wszystkim przemokły buty, co znacznie utrudniło dalszą wędrówkę. Początkowo dzieciaki były dzielne, ale wkrótce zaczęły zwalniać. Kiedy dotarliśmy do pierwszego domu, zastępowi wynajęli samochód i poprosili farmera, aby przewiózł młodsze dzieci do obozu. Reszta wyczerpana w ciszy powlokła się na piechotę.

Słyszałem, jak na miejscu zastępowi opowiadali dyrektorowi placówki, że powinienem być bardziej odpowiedzialny i poznać dokładnie trasę, zanim wyruszyłem na tę wędrówkę. Na szczęście dobrze znałem Buzza i wiedziałem, że czuł pogardę dla ludzi, którzy oskarżali nastolatka za własne błędy. Słuchał więc tylko w milczeniu.

Pracownicy placówki zrobili miejsce dla nowej drużyny, pomogli ogarnąć się chłopakom i nakarmili ich. Ukryłem się z paroma kolegami, którzy wysłuchali mojej wersji wydarzenia. Współczuli mi, ale ja czułem się fatalnie z powodu mojej uległości, słabości i narzekania. I bałem się konfrontacji z dyrektorem, która nieuchronnie czekała mnie po powrocie do głównego obozu.

Kiedy wróciliśmy, pan Young wezwał mnie do siebie. Przestraszony i zawstydzony wszedłem do jego biura.

„Panie Young, ja...". Przerwał mi.

„Carl, mam ci do powiedzenia tylko dwie rzeczy. Po pierwsze ci ludzie są dorośli. Na nich spoczywa o wiele większa odpowiedzialność niż na tobie. Po drugie w ciągu dwóch ostatnich lat udowodniłeś, że jesteś mądry, zdolny i odpowiedzialny, ale" - przerwał i spojrzał mi prosto w oczy - „musisz bardziej sobie ufać. Słuchaj swojego zdrowego rozsądku. Nie pozwalaj ludziom, którzy nie mają pojęcia, co się dzieje, żeby tobą pomiatali. Miej więcej pewności siebie. A teraz wracaj do pracy i zapomnij o tym, co się wydarzyło".

Tamtego dnia pan Young podarował mi bezcenny prezent. Od tamtej pory nauczyłem się, że moje „nie" ma być „nie", a moje „tak" ma być „tak". Oczywiście, że popełniałem jeszcze błędy - mnóstwo - ale były to moje błędy, a także moje zwycięstwa.

Carl Koch

SZACUNEK DLA SIEBIE SAMEGO
JEST OWOCEM DYSCYPLINY,
POCZUCIE GODNOŚCI WZRASTA
WRAZ ZE ZDOLNOŚCIĄ ODMAWIANIA
SAMEMU SOBIE.

Abraham Heschel

SPOSÓB DWUNASTY:

bądź wdzięczny, dziękuj

WDZIĘCZNOŚĆ PRZYBIERA TRZY FORMY:
UCZUCIE SERCA,
WYRAŻENIE W SŁOWACH
I ODWZAJEMNIANIE SIĘ.

Przysłowia

Stary mędrzec odpoczywał przy drodze. Podszedł do niego podróżny i spytał, czy wie, jacy ludzie mieszkają w pobliskim mieście. Mędrzec zapytał: „A jacy mieszkali w mieście, z którego przybywasz?". Podróżny odpowiedział: „Och, byli nieznośni i niegrzeczni. Nikomu nie mogłem ufać". Stary mędrzec odpowiedział, że ludzie w pobliskim mieście byli tacy sami.

Nieco później inny podróżny zatrzymał się, by zadać sędziwemu mędrcowi pytanie, a ten ponownie odpowiedział, najpierw pytając podróżnika, jacy byli ludzie z miasta, z którego przyszedł. Podróżny odpowiedział: „Och, byli troskliwi, ciepli, wspaniali". I stary mędrzec powiedział, że ludzie w pobliskim mieście byli dokładnie tacy sami.

Morał opowiadania jest taki: rzeczy nie są takie, jakie są, ale takie, jakie je widzimy. Jeśli doceniamy w życiu dobro i otaczające nas piękno, czynimy nasze serca dobrymi i wzmacniamy ducha wdzięczności. Jeśli się tak poważnie zastanowimy, to mamy o wiele więcej powodów, aby dziękować i cieszyć się, niż martwić. Wdzięczność i dziękczynienie usuwają stres i oddalają zmartwienia. Współczesna nauka potwierdza to, co przez wieki podpowiadała mądrość.

Ostatnie badania naukowe wskazują, że pozytywne emocje, takie jak wdzięczność i miłość, dobrze wpływają na stan naszego zdrowia. Pozytywne emocje umacniają i wzmacniają układ immunologiczny, który uzdalnia ciało do stawiania oporu chorobom i szybszego wyzdrowienia. Endorfiny - naturalne znieczulacze, które mamy w naszym organizmie - są uwalniane do krwiobiegu i stymulują poszerzanie naczyń krwionośnych, co między innymi wpływa na lepszą pracę serca.

Emocje negatywne, takie jak gniew, zmartwienie i brak nadziei, redukują liczbę endorfin i spowalniają ruch zwalczających choroby białych krwinek. Zaniżając wysoki poziom adrenaliny dostającej się do krwiobiegu, negatywne emocje przyczyniają się do chorób serca. Adrenalina zawęża naczynia krwionośne, zwłaszcza te prowadzące do serca, podwyższając ciśnienie krwi i potencjalnie niszcząc arterie oraz samo serce.

Z drugiej strony wyliczanie otrzymanych łask pozytywnie wpływa na nasze zdrowie. Wyliczanie swoich błogosławieństw pomaga nam skupiać się na cudach życia. Duch dziękczynny decyduje się patrzeć raczej na to, co dobre w naszym życiu, niż na to, co negatywne. Wyliczanie swoich błogosławieństw pomaga nam dostrzegać to, co przed nami, rozległą przestrzeń tego, co dobre i prawdziwe.

Kilka lat temu miałam okazję wysłuchać wykładu znanego psychiatry Victora Frankla, który był więźniem hitlerowskiego obozu koncentracyjnego w Auschwitz. Opowiadał publiczności, że nie przeżyłby, gdyby nie to, że starał się śmiać tak często, jak to było możliwe: „To dawało mi siłę, aby znieść kolejny moment tej przerażającej sytuacji. (...) Ci, którzy przeżyli obóz pamiętają mężczyzn chodzących po barakach i pocieszających innych, oddających swój ostatni kawałek chleba. Może było ich niewielu, ale to oni są wystarczającym dowodem na to, że człowiekowi można zabrać wszystko, oprócz jednego: ostatniego ludzkiego bastionu wolności - możliwości wyboru, jak się będzie zachowywał w konkretnych sytuacjach". Wiedział, że przeklinanie życia może go zabić, a postawa wdzięczności utrzyma ducha przy życiu.

Nieczęsto zachęca się do wyliczania swoich błogosławieństw, a często się to potępia. Jednak wyliczanie błogosławieństw to skupianie się na tym, co pozytywne; pomaga dostrzec, że dzięki ulewie warzywa rosną, że dzięki długiej kolejce w sklepie spożywczym mam trochę wolnego czasu dla siebie, że jadąc samochodem do pracy, mogę kosztować każdej chwili i pozwalać, aby mijały mnie auta tych, którzy się spieszą. Jeśli ma się serce przepełnione wdzięcznością, to umie się pochwalić swoich współpracowników i dodać im energii, potrafi się dostrzec, że pracodawcy to tacy sami ludzie jak ja, i zaakceptować to, że jestem odpowiedzialny tylko za własne postępowanie.

Słyszałam kiedyś wspaniałą historię o słynnym murze berlińskim - podobno jest kilka wersji, ale puenta ta sama.

Budowa niesławnego muru wywołała w Berlinie wielkie emocje. Wrogość sięgnęła zenitu, kiedy mieszkańcy sektora wschodniego przerzucili przez mur do Berlina Zachodniego ładunki ciężarówek z cuchnącymi śmieciami. Burmistrza Willy'ego Brandta dosłownie zalały petycje z żądaniem rewanżu.

Brandt jednak zadecydował, żeby odpowiedź zachodnich berlińczyków była wyjątkowa. Poprosił, aby mieszkańcy przynieśli pod mur kwiaty. Zapakowano je na ciężarówkę i przerzucono na drugą stronę muru, wznosząc jednocześnie duży transparent z napisem: „Każdy z nas daje to, co ma".

Słowa wdzięczności i życzliwości kierowane do ludzi, do Boga i do całego świata wywołują radość w naszych sercach, rozładowują stres i pozytywnie wpływają na nasze zdrowie. Bądź więc wdzięczny, dziękuj.

MNIEJ SIĘ LĘKAJ, SPODZIEWAJ SIĘ WIĘCEJ, MNIEJ JEDZ,
PRZEŻUWAJ LEPIEJ, MNIEJ STĘKAJ,
ODDYCHAJ LEPIEJ, MNIEJ MÓW,
POWIEDZ WIĘCEJ, KOCHAJ BARDZIEJ,
A WSZYSTKO, CO DOBRE, BĘDZIE TWOJE.

Przysłowie szwedzkie

Bądź wdzięczny, dziękuj

- Napisz do kogoś krótki liścik, wyrażając wdzięczność za coś, co ta osoba dla ciebie zrobiła. Wyślij tę wiadomość.
- Zadzwoń do przyjaciela lub kogoś z rodziny i podziękuj im za to, że są częścią twojego życia.
- Prowadź dziennik błogosławieństw. Każdego dnia zapisz co najmniej trzy błogosławieństwa. Zatrzymaj się wystarczająco długo, aby przypomnieć sobie drobny życzliwy gest albo dostrzec jakąś niespodziankę natury: pierwszy śnieg w zimie, pierwsze pączki wiosną czy zachód słońca. Niespodzianka jest początkiem wdzięczności, rodzajem pobudzenia, którego możemy potrzebować, aby stopniowo przywyknąć do wdzięczności.
- Możesz też, leżąc wieczorem w łóżku, powiedzieć współmałżonkowi - albo Bogu, jeśli jesteś osobą samotną - o kilku rzeczach, za które jesteś mu w danym dniu wdzięczny. Kończąc dzień, przypominając sobie błogosławieństwa, możesz złagodzić swój stres i utorować drogę do snu.
- Spędź kilka minut, obserwując przyrodę. Wdychaj powietrze. Poczuj świeżość pory roku. Niech piękno chwili orzeźwi twe serce i duszę.
- Pomyśl o pięciu rzeczach, które przydarzyły ci się w twoim życiu i które przyniosły ci radość i szczęście. Bądź za

to wdzięczny. W chwili gdy zaczynasz czuć przygnębienie, przypomnij sobie o tych sytuacjach.

- Przypomnij sobie, co czułeś, kiedy ktoś za coś ci dziękował.
- Każdego wieczoru, gdy kładziesz się spać, przypomnij sobie błogosławieństwa dnia: „Za co jestem dzisiaj wdzięczny?".

WDZIĘCZNOŚĆ JEST NIE TYLKO NAJWSPANIALSZĄ Z CNÓT, LECZ MATKĄ WSZYSTKICH INNYCH.

Cyceron

Taksówka

Ostatnio wsiadłam do taksówki na lotnisku Islip na Long Island. Na twarzy kierowcy, w chwili kiedy otwierał okno, dostrzegłam frustrację. Zapytał: „Siostra Anne?". Odpowiedziałam: „Tak". Kciukiem wskazał, żebym wsiadła do tyłu samochodu.

Nerwowo palił papierosa. Ich dym naprawdę mi przeszkadza. Mam wrażenie, jakby wypełniał mi głowę, oczy zaczynają mi łzawić, pojawiają się trudności z oddychaniem. Zapytał, dokąd ma mnie zawieźć. Podałam nazwę klubu country, w którym miałam przemawiać. Potem chciał jeszcze wiedzieć, czy już kiedyś byłam w tym miejscu. Potwierdziłam.

„To dobrze. Powiedz mi, jak tam dojechać, bo nie wiem, gdzie to jest".

Powiedziałam, że nie znam Long Island, więc nie jestem w stanie mu pomóc. Zapalił kolejnego papierosa i otworzył atlas. Z wściekłością przewracał strony, a potem rzucił książeczkę na siedzenie. Oświadczył, że potrzebuje benzyny i że dzisiejszy dzień to po prostu masakra. Właśnie przyjechał z lotniska

La Guardia, gdzie miał dostarczyć paczkę. Niestety, nikt się po nią nie zgłosił.

Podjechaliśmy pod stację benzynową. Zatankował, a potem przez CB-Radio poprosił o wskazówki, jak dojechać pod klub. Znajomy powiedział mu, że klub jest na Jerioke Turnpike w Woodbury i podpowiedział, na której mapie znajdzie trasę. Kiedy rozpoczęliśmy naszą przygodę poszukiwań Woodbury, spytałam, od jak dawna pracuje jako taksówkarz. Powiedział, że już dość długo, ale nie znosi firmy, dla której pracuje, ponieważ jest „okropna".

„Nie powinien pan tak mówić" - zasugerowałam. „Życie jest zbyt krótkie".

Odparł, że nie ma wyboru. Potem zatrzymaliśmy się na czerwonym świetle. W tylnym oknie vana, który zatrzymał się przed nami, była kartka z napisem: „Potrzebni kierowcy na pełny etat lub na pół etatu".

Powiedziałam: „Tam jest ogłoszenie, że potrzebują kierowców. Proszę zapisać ten numer".

„Tamta firma jest jeszcze gorsza od tej, w której teraz pracuję".

W tej właśnie chwili wyminął nasz samochód i wjechał między nas a vana. Rozdrażniona powiedziałam: „Ludzie nie mają cierpliwości".

„Żadnej cierpliwości. Żadnego zainteresowania. Żadnego współczucia".

Cicho jechaliśmy dalej przez Long Island Expressway. Wreszcie zapytałam: „Jest pan żonaty?".

„Nie". Przez chwilę siedzieliśmy w ciszy. Potem zaczął opowiadać: „Wyrosłem na Bronksie. Kiedy ludzie dowiadują się, że nie masz matki czy ojca, nie chcą, żebyś chodził z ich córką. A jednocześnie nie mają żadnych oporów, żeby nimi poniewierać". Próbowałam jakoś go pocieszyć. Szczerze przyznał, że starał się znaleźć kobietę, z którą mógłby założyć rodzinę.

Kiedy wysiadłam z samochodu, czułam smutek. Oto młody samotny mężczyzna, przepełniony negatywnymi emocjami. Wmówił sobie, że skoro nie ma rodziców ani nie jest teraz związany z nikim, komu by na nim zależało, pozostanie tak na zawsze. Że nikt nie zobaczy w nim troskliwego, współczującego, miłego człowieka. Postanowił więc, że będzie nieufny, żeby nie dać się zranić.

Tamtego dnia ten człowiek skupiał się na tym, czego nie miał. A przecież był zdrowy, zarabiał pieniądze, miał dom. Niestety, nie potrafił dziękować za to, co *ma*. Dla niego życie miało być dalej niedostarczonymi paczkami, brakiem wskazówek i pustym bakiem.

Ten przepełniony smutkiem taksówkarz przypominał mi ojca mojej przyjaciółki siostry Roselani. Miałam zaszczyt spotkać Toshi Enomoto w jego domu w Maui na Hawajach. To był mądry człowiek, który witał wszystkich gościnnym uśmiechem. Kiedy ktoś pytał go, jak się czuje, Toshi zawsze odpowiadał: „Wdzięczniejszy niż zwykle". Nie rozpamiętywał problemów, utraty słuchu, śmierci żony i innych bliskich osób. Znał tajemnicę bycia szczęśliwym. Był wdzięczny za to, co miał, i za błogosławieństwa, którymi został obdarowany.

Wdzięczniejszy niż zwykle.

WIECZOREM, KIEDY LEŻĘ W ŁÓŻKU
I KOŃCZĘ SWOJE MODLITWY
SŁOWAMI: „DZIĘKI CI BOŻE ZA
WSZYSTKO, CO DOBRE I DROGIE,
I PIĘKNE", PRZEPEŁNIA MNIE
RADOŚĆ. (...) NIE MYŚLĘ WTEDY
O TEJ CAŁEJ NĘDZY, ALE O PIĘKNIE,
KTÓRE JESZCZE POZOSTAJE.
(...) SPÓJRZ NA TO,
WTEDY ZNOWU ODNAJDZIESZ SIEBIE I BOGA.
I ODZYSKASZ RÓWNOWAGĘ.

Anne Frank

Loretta

Nie lubię, kiedy wieczorem, gdy zbliża się pora kolacji, zadzwoni telefon. Zwykle jakiś telesprzedawca chce wysłać mi nową kartę kredytową albo zaproponować specjalną transakcję zakupu na spółkę domku wypoczynkowego w Wisconsin Dells. Patrzymy wtedy z żoną na siebie, ale żadne z nas nie ma ochoty podnosić słuchawki. Jednak robimy to. Głównie dlatego, że jest to też ulubiona pora dzwonienia mojej teściowej Loretty.

Gdy tylko odebrałem telefon, usłyszałem głos Loretty: „Cześć, mogę rozmawiać z twoją uroczą żoną?".

„Pewnie, Loretto. Właśnie jest tutaj". Uśmiechnąłem się i podałem telefon Joyce. Kiedy Loretta zadzwoniła, a ja odebrałem, zazwyczaj rozmawiała ze mną przez parę minut, zanim poprosiła o swoją „uroczą" córkę. Pomyślałem więc, że tym razem chciała podzielić się jakąś ważną wiadomością. Kiedy moja żona i jej mama rozmawiały, zacząłem zmywać naczynia, słuchając tego, co mówi Joyce. Najczęściej były to krótkie: „Naprawdę!" albo „Ach, hmm. Ach, hmm".

Lubię moją teściową. I podziwiam ją. Chociaż nie miała łatwego życia, zawsze była radosna.

Na Loretcie, najstarszym dziecku w rodzinie farmerów, spoczywała bardzo duża odpowiedzialność, a ojciec obarczał ją ciężkimi pracami, zupełnie jakby nie była jego córką, a synem, o którym marzył. Nigdy zresztą nie krył rozczarowania, że jego najstarsze dziecko to córka. Loretta dźwigała więc na swoich barkach ciężar tego rozżalenia. Ojciec kupował coraz więcej ziemi, a to oznaczało dla niej więcej obowiązków. Dziadek mojej żony był pełnym energii mężczyzną, który nie oszczędzał nikogo. Gdy doszedł do pięćdziesiątki, spełniły się jego ambicje. Zdobył tyle ziemi, ile zawsze chciał, i to go zabiło.

Zanim to nastąpiło, Loretta spotkała Cliffa, chłopaka z sąsiedzkiej farmy. Jak wiele kobiet podczas drugiej wojny światowej pracowała, czekała i martwiła się, kiedy Cliff walczył w Normandii, wśród żywopłotów Francji, a wreszcie w bitwie o Ardeny. Gdy wrócił do domu, pobrali się.

Loretta urodziła czternaścioro dzieci i trzy razy poroniła. Rodzina mieszkała na wsi w stanie Wisconsin w domu bez kanalizacji. Zajmowali się głównie hodowlą świń i kurczaków. Rozrywkę stanowiły wyprawy do lasu na jagody, walki fasolowe w ogrodzie, zażarte gry w owczą głowę i blackjacka oraz od czasu do czasu wyprawy do północnych lasów w Wisconsin z tyloma dzieciakami, ile zmieściło się do samochodu. W każdą niedzielę podczas mszy w kościele Świętej Maryi Heilsowie zajmowali ławkę. Życie było proste i pracowite.

Wielu moich znajomych z niedowierzaniem kiwa głowami, kiedy mówię, że Joyce jest jednym z czternaściorga dzieci. Wyraz ich twarzy zwykle mówi: „To niemożliwe. Jak ta kobieta to zniosła?". Najbardziej denerwują mnie ci, którzy wyrażają litość, zupełnie jakby Loretta była nieszczęsną ofiarą jakiegoś męskiego spisku. Tymczasem to jedna z najbardziej energicznych osób, jakie znam.

Kiedy Don, najmłodsze dziecko Heilsów, poszedł do podstawówki, każdy myślał, że Loretta odetchnie z ulgą. Tymczasem ona była smutna - z gniazda wyleciało ostatnie pisklę. Jestem pewny, że ciągły brak pieniędzy był dla tej rodziny problemem, nigdy jednak nie słyszałem, aby Loretta narzekała. Przeciwnie, zawsze cieszy się z każdego, najmniejszego nawet sukcesu dzieci albo wnuków. Albo z tego, ile udało jej się wygrać w blackjacka w lokalnym kasynie.

Pewnego razu, kiedy z Joyce spędzaliśmy czas z jej rodziną, przyglądałem się, jak rodzice mojej żony zapamiętale grają w blackjacka. Kiedy Loretta przegrywała, pojękiwała cicho i z wyrazem desperacji w oczach, oddawała przegrane grosze Cliffowi. Kiedy wygrywała, wachlowała się i ogłaszała całemu światu: „Wygrałam! Wygrałam!". A Cliff oddawał jej pieniądze. Zgarniała je gestem, jakby to była duża wygrana w stanowej loterii.

Joyce bardzo schudła, oddaje więc swojej mamie ubrania, których już nie może nosić. Kiedy tylko Joyce wnosi torby z ubraniami, mama pędzi do sypialni, żeby jak najszybciej przymierzyć nową garderobę. Nigdy nie zapomnę Loretty przechadzającej się po swoim salonie w czerwonym, wełnianym, zimowym płaszczu od córki.

Kiedy dom na farmie, w którym wychowali swoje dzieci i w którym przeżyli tyle lat, zaczął podupadać, Loretta i Cliff musieli podjąć decyzję co do przyszłości. O remoncie nie mogło być mowy. Ale to był ich dom. Byliśmy ciekawi, czy mama mogłaby opuścić swoje malinowe zarośla, bujny ogród kwiatowy, grządki warzywne, które rozkwitały pod jej opieką - miejsca pełne wspomnień.

W końcu jednak zdecydowali przenieść się do domu spokojnej starości. Teraz wozi swoje przyjaciółki do salonu piękności, gra w karty i cieszy się obiadami w gronie seniorów. Jak zwykle uważa, że jej życie jest dobre.

Kiedy wkładałem do suszarki ostatni talerz, usłyszałem, że Joyce odkładała słuchawkę. Śmiała się. „Co się stało?" - zapytałem. „Czyżby mama wygrała na loterii".

„Och, to lepsze niż loteria. Wygrała w kasynie kurtkę dla taty. Mają tam jakąś rocznicę i na wejście rozdają nagrody. Mama wygrała kurtkę. Słysząc jej radość, przysiągłbyś, że to wycieczka do Europy albo wygrana na loterii. Moja mama to jest ktoś".

To prawda, pomyślałem z nadzieją, że pewnego dnia osiągnę taką mądrość - mądrość, która cieszy się ze zwyczajnych darów i składa dzięki za wiele przyjemności, jakie niesie z sobą życie.

Carl Koch

TYM, CO LICZY SIĘ W TWOJEJ DRODZE DO PEŁNI,
TO PAMIĘĆ O WIELKIEJ PRAWDZIE,
ŻE CHWILE ZASKOCZENIA CHCĄ NAS NAUCZYĆ, IŻ:
WSZYSTKO JEST DANE DARMO,
WSZYSTKO JEST DAREM.
NA ILE JESTEŚMY ŚWIADOMI TEJ PRAWDY,
NA TYLE JESTEŚMY WDZIĘCZNI.
O ILE WDZIĘCZNI JESTEŚMY, O TYLE ŻYJEMY.

David Steindl-Rast

Spis treści

Druk i oprawa: Drukarnia Pijarów
31-465 Kraków, ul. Dzielskiego 1
tel. 012 413 76 51, www.drukarnia.pijarzy.pl